THERESA WOBBE

Weltgesellschaft

Die Beiträge der Reihe Einsichten werden durch Materialien
im Internet ergänzt, die Sie unter **www.transcript-verlag.de**
abrufen können. Das zu den einzelnen Titeln bereitgestellte
Leserforum bietet die Möglichkeit, Kommentare und Anregungen zu veröffentlichen.
Wir freuen uns auf Ihre Teilnahme!

Die Deutsche Bibliothek •
CIP-Einheitsaufnahme
Wobbe, Theresa:
Weltgesellschaft / Theresa Wobbe. –
Bielefeld : transcript Verl., 2000
(Einsichten)
ISBN 3-933127-13-0

© 2000 transcript Verlag, Bielefeld
Gestaltung: orange|rot, Bielefeld
Satz: digitron GmbH, Bielefeld
Druck: Digital PS Druck
GmbH, Frensdorf
ISBN 3-933127-13-0

Inhalt

5 **Einleitung**

9 **Konzepte der Weltgesellschaft**
9 Einleitung
14 Aus dem Weltobservatorium Schweiz: Peter Heintz
15   Warum man sich mit der Weltgesellschaft
    beschäftigen sollte
16   Die interne Struktur der Weltgesellschaft
22   Begriffssysteme und Codes für die Weltgesellschaft
26 Die Topographie der Weltgesellschaft aus Stanford:
John W. Meyer und seine Forschungsgruppe
28   Strukturähnlichkeiten und Isomorphie
31   Neo-Institutionalismus und die Präzisierung
    kognitiver Konzepte
38   Erstes Zwischenergebnis
40 Die Weltgesellschaft in der Bielefelder Systemtheorie:
Niklas Luhmann
43   Alteuropäische und moderne Gesellschaft
50   Der Staat im politischen System der Weltgesellschaft

55 **Aus der Werkstatt weltgesellschaftlicher Analysen**
57 Stichweh: Globalisierungsmuster im
Wissenschaftssystem
60 Heintz: Globale Orientierungshorizonte und
konzentrische Lagerung
66 Soysal: Postnational Citizenship
69 Meyer, Ramirez, Berkovitch: Globaler Wandel
von Rechtsnormen und soziale Bewegungen

74 **Weltgesellschaft: Eine Forschungsperspektive für
die Soziologie**

79 **Anmerkungen**

81 **Literatur**

Als die Prinzessin von Wales im September 1997 begraben wurde, nahmen wir an einem weltgesellschaftlichen Medienereignis teil. Man konnte es nicht nur in der Bundesrepublik auf sieben und zeitweise sogar auf zehn Sendern im TV-Kabelnetz verfolgen. Insgesamt 136 Länder sollen sich an die Übertragung der Trauerfeierlichkeiten angeschlossen haben. Direkt vor Ort in London und Umgebung sind schätzungsweise sechs Millionen Menschen zugegen gewesen, und zweieinhalb Milliarden Zuschauer waren es wohl, die auf der ganzen Welt das Begräbnis über TV verfolgt haben.

Auch für die Soziologie war dieses Ereignis prominent, nämlich wieder einmal ein Anlaß, sich auf ihre zeitdiagnostische Kompetenz zu besinnen. Die »Frankfurter Allgemeine Zeitung« notierte dazu: »In der Zunft wurde am Wochenende noch keine Einigung erzielt, mit welchen Kategorien man sich dem britischen Massenauflauf nähern soll. Nachdem man zunächst an ›Masse und Macht‹ dachte, [sind] dann doch ›Individualisierung‹ und ›Globalisierung‹ in die engere Wahl gekommen« (FAZ vom 4. 9. 1997). Immer häufiger werden Ereignisse, die gewohnte Zurechnungskriterien und gewisse Proportionen überschreiten, sicherheitshalber unter den Stichwörtern ›Individualisierung‹ und ›Globalisierung‹ festgehalten.

Die soziologische Profession hat nicht unwesentlich dazu beigetragen, daß der Begriff Globalisierung Einzug in die Alltagssprache gehalten hat. Weit verbreitet ist die Vorstellung von Globalisierung als einem weltweiten Prozeß der Entgrenzung (Giddens 1990; Robertson 1992a); insbesondere denkt man dabei an ökonomische Internationalisierung und soziale Spaltung (Altvater/Mahnkopf 1997), an *Global Cities* (Sassen 1996) und an Medien. Globalisierung hat hier eine überwiegend normative, zumeist negative Konnotation. Dazu gehört etwa die Vorstellung, daß die ökonomische und technische Entwicklung zu einer weltweiten Vereinheitlichung unter einem wirtschaftlichen Regime führen könnte, daß der Nationalstaat zerstört würde und statt dessen *global players* die kapitalistische Regie übernähmen.[2]

Die folgende Darstellung macht mit einem Konzept bekannt, das ebenfalls gegenwärtige globale Trends untersucht. Es nutzt allerdings einen anderen analytischen Rahmen als viele Globalisierungsansätze. Das Neue und das Spezifische dieses Konzepts besteht darin, daß die Weltgesellschaft als ein umfassendes soziales System aufgefaßt wird, das Nationalstaaten transzendiert und sich als eigenes Koordinatensystem über diese spannt. Das Konzept der Weltgesellschaft nimmt also eine Ebene der Sozialorganisation an, die irreduzibel ist, d.h., dieses soziale System ist nicht auf ein Funktionssystem oder auf Nationalstaaten zu reduzieren. In diesem Sinne ist die Weltgesellschaft ein hervorragendes Beispiel für das, was wir soziologisch als ein *emergentes Phänomen* bezeichnen: »Das Wort ›emergent‹ bzw. der Begriff der Emergenz leitet sich von ›emergere‹ (lat.: auftauchen) ab. Es meint allgemein den Sachverhalt, daß Phänomene ›auftauchen‹, die man aufgrund des bisherigen theoretischen Wissens so nicht hätte erwarten können und die mit diesem Wissen nicht erklärbar seien« (Esser 1993: 404).

Es ist das Ziel der folgenden Darstellung, in unterschiedliche soziologische Konzepte der Weltgesellschaft einzuführen, ihre theoretischen Grundlagen sowie ihre empirischen Untersuchungsfelder darzustellen, untereinander zu unterscheiden und von anderen disziplinären Fragestellungen (z.B. Politikwissenschaft) oder weiteren Konzepten auf dem Gebiet der Globalisierungsforschung abzugrenzen.

Diese Einführung ist für die deutschsprachige und für die englischsprachige Soziologie eine Neuheit. Denn sie stellt erstmals Konzepte der Weltgesellschaft vor, die im soziologischen Diskurs bislang noch nicht systematisch aufeinander bezogen worden sind. In der deutschsprachigen Soziologie ist Niklas Luhmanns Begriff der Weltgesellschaft zwar bekannt, er wird aber zumeist über den systemtheoretischen Rahmen hinaus nicht behandelt. Das *World-Society*-Konzept der Gruppe von John W. Meyer (Stanford) ist dagegen bis jetzt in der deutschsprachigen Soziologie kaum zur Kenntnis genommen worden. Systematische Referenzen finden sich als große Ausnahme bei Niklas Luhmann (1927–1998) (1997, 1998) und nun auch bei Rudolf Stichweh (1999a, 1999b). Dieses Defizit betrifft ebenfalls das gesamte Gebiet des Neo-Institutionalismus (March/Olsen 1989; Mayntz/Scharpf 1995; Powell/DiMaggio 1991a), dessen Rezeption in der Soziologie jetzt langsam einzusetzen beginnt (Hasse/Krücken 1996, 1999; Nedelmann 1995b; Weinert 1997).

Die soziologische Rezeption des Begriffs und Konzepts ›Weltgesellschaft‹ ist noch sehr diffus. Neben einigen Lexikoneinträgen (Bornschier 1984, 1994, 1996), die zumeist auf Weltgesellschaft im Verständnis von *World System* abstellen, bleiben die begrifflichen Grundlagen und theoretischen Zuordnungen zumeist unklar. Dies ist auch der Fall, wenn Weltgesellschaft beispielsweise als Einheitsphantasma der Systemtheorie mit einer *global sociology* gleichgesetzt wird, deren Ziel darin besteht, *one world* zu beschreiben (Wagner 1996). Einige Beiträge aus dem systemtheoretischen Kontext verengen den Begriff ebenfalls unnötigerweise auf diesen Theorierahmen (Nassehi 1998; Richter 1997). Wieder andere Beiträge versammeln unterschiedliche Überlegungen zur Weltgesellschaft, ohne dem soziologischen Begriffskontext allzuviel Aufmerksamkeit zu schenken (Beck 1998: Einleitung; vgl. auch Beck 1997).[3]

Wie kommt man dazu, die Weltgesellschaft als Gegenstand soziologischer Analyse wahrzunehmen und sie als einen theoretischen Gegenstand zu konstruieren? Was bezeichnet ihr Begriff? Die Vorstellung von der Weltgesellschaft enthält zunächst einmal den Gedanken, daß eine eigene weltweite Dynamik existiert, die den Bezugshorizont für Interaktionen und Kommunikation darstellt. Hierbei ist nicht nur an globale Organisationen wie *Green Peace*, die *Weltbank* oder den *Vatikan* gedacht, sondern auch an individuelle Akteure wie eine Hausfrau oder ein Tourist, ein TV-Zuschauer oder eine Wissenschaftlerin. Die Vorstellung von der Weltgesellschaft beinhaltet also, daß eine globale Ebene der Sozialorganisation existiert, die für individuelle und kollektive Akteure einen Erwartungshorizont bildet.

Diese Einführung zeigt, in welchen Untersuchungskontexten der Soziologie die Frage nach der Weltgesellschaft und mit ihr verbundene Problemstellungen entwickelt werden, und wie dieser Gegenstand theoretisch entworfen wird. Im ersten Teil werden drei Konzepte der Weltgesellschaft dargestellt. Den Anfang in der Darstellung macht Peter Heintz (1920–1983) (Zürich), der sich zu einem frühen Zeitpunkt, in den sechziger Jahren, mit der Weltgesellschaft in der Form eines Entwicklungsschichtungssystems zu beschäftigen beginnt. Dann folgt John W. Meyer (Stanford), der ausgehend von der Bildungs- und Organisationssoziologie mit seiner Forschungsgruppe in den siebziger Jahren die weltweite Verbreitung von Bildungsnormen, Rechtsvorstellungen und Regimewechseln untersucht. Die Darstellung des Weltgesellschaftsbegriffs endet mit Luhmanns Forschung (Bielefeld) im Rahmen seiner Systemtheorie in den siebziger Jahren.

Der Darstellung liegt die These zugrunde, daß das Konzept der Weltgesellschaft ein soziologisches Erklärungspotential *sui generis* bietet, um den Wandel der Grenzen und Horizonte der gegenwärtigen Gesellschaft zu analysieren und um eine soziologische Kompetenz für die Untersuchung globaler Prozesse zu beanspruchen. Denn dieses Konzept arbeitet mit dem spezifisch soziologischen Begriff der Gesellschaft: Der Weltgesellschaftsbegriff reflektiert die globalisierenden Prozesse unter dem Gesichtspunkt der Spezifik der modernen Gesellschaft, ihrer Grenzen und Horizonte, ihrer Strukturen und Muster. Die Konzepte von Heintz, Meyer und Luhmann sind zwar hinsichtlich ihrer gesellschaftstheoretischen Perspektive sehr unterschiedlich angelegt. Doch sie treffen sich in dem Punkt, daß sie mit der Weltgesellschaft eine emergente Ebene postulieren, ein soziales System, ohne das die moderne Gesellschaft und ihre Kontingenz nicht hinreichend zu erklären und zu beschreiben wäre. In dieser Koppelung von Weltgesellschaft und Gesellschaftskonzept liegt der entscheidende Unterschied zu den vielen Ansätzen, die sich unter dem Dach der Globalisierungsforschung finden.

Die weltweite Dimension des Medienereignisses nach dem Autounfall der Prinzessin von Wales erschöpft sich vor diesen Hintergrund auch nicht in der Verkürzung von Distanzen in Raum und Zeit. Denn hiermit kann nicht erklärt werden, warum die Nachrichten über den Unfall im Pariser Tunnel eine kommunizierbare Realität für dermaßen viele Menschen zu erzeugen in der Lage waren. Wir wissen, daß für die Reproduktion einer Medien-Ikone Nachrichten mit einem hohen Aufmerksamkeitswert, also neue Informationen, die möglichst Konflikte und Normverstöße behandeln, erforderlich sind. Das soziologisch Interessante an dem Fall Diana ist, daß eine portugiesische Bäuerin, ein amerikanischer Polizist und eine indische Nonne sich *trotz* ihrer unterschiedlichen lokalen Kontexte auf diesen Fall beziehen. Dieses Phänomen ist mit weltweit institutionalisierten Vorstellungen über Individualität, Selbstverwirklichung und Intimität zu erklären. Es reicht nicht aus, hierbei auf die Selbstbezüglichkeit der Medien abzustellen, denn über diesen Ansatz kann nicht plausibel gemacht werden, warum ausgerechnet dieses Ereignis sich für so viele als anschlußfähig erweist.

Das soziologische Potential der Weltgesellschaftskonzepte ist auch an ihren empirischen Untersuchungen zu diskutieren. Wie erklären und beschreiben diese Studien die Weltgesellschaft, in der wir leben? Wie manifestiert sich Weltgesellschaft? Im zweiten Schritt wird daher über weltgesellschaftliche Forschung berichtet. Es gibt inzwischen unzählige Studien, die sich mit Globalisierungsprozessen befassen oder im Horizont globaler Entwicklungen arbeiten; z.T. untersuchen sie auch implizit weltgesellschaftliche Probleme, ohne das Konzept der Weltgesellschaft zu benutzen. Dieser zweite Teil der Einführung soll über Studien berichten, die das spezifische Konzept der Weltgesellschaft wählen und es empirisch anwenden. Es wird also gezeigt, wie weltgesellschaftliche Problemstellungen in Forschungskonzepte umgesetzt werden und auf welchen Gebieten der Soziologie dies bisher der Fall war. Diese Einführung soll vor allem auch weltgesellschaftliche Studien vorstellen, die in der deutschsprachigen Soziologie bislang kaum rezipiert worden sind.

Konzepte der Weltgesellschaft

Einleitung

Im Dreieck von Zürich, Stanford und Bielefeld sind über die letzten Jahrzehnte verschiedene soziologische Konzepte der Weltgesellschaft entstanden. Heintz hat mit seiner Forschungsgruppe am Zürcher Institut für Soziologie seit Ende der sechziger Jahre ein strukturtheoretisches Konzept der Weltgesellschaft entwickelt und dieses mit einem codetheoretischen Ansatz verknüpft. Meyer nahm Anfang der siebziger Jahre an der Stanford University seine Arbeiten zur *World Society* auf, in denen er sich mit der globalen Institutionalisierung von kulturellen Regeln und Routinen befaßt. Luhmann legte Anfang der siebziger Jahre, als er Grundbegriffe seiner Systemtheorie erarbeitete, die ersten Überlegungen zur Weltgesellschaft vor.

Der gemeinsame Bezugspunkt dieser ansonsten sehr unterschiedlichen Zugriffe ist ein weltweites soziales System, das als eine Einheit gedacht ist. Diese soziale Einheit wird als Gesellschaft bezeichnet. Für Heintz, Meyer und Luhmann gibt es somit eine Weltgesellschaft, die ein umfassendes soziales System darstellt, das in seinen Beständen höchst heterogen ist. Hierin besteht das Besondere und Innovative dieser drei Konzepte: Für sie stellt Weltgesellschaft nicht eine Addition von Nationalstaaten oder Funktionssystemen oder gar eine Weltmarktgesellschaft dar. Sie konzipieren Weltgesellschaft vielmehr als Sache eigener Logik, als emergentes Phänomen. Weltgesellschaft ist daher nicht die Summe ihrer Teile – z.B. Nationalstaaten oder Finanzmärkte –, sondern geht darüber hinaus. Damit sind Annahmen verbunden, die in der Soziologie bis heute keinesfalls selbstverständlich sind. So wird etwa die soziologische Makrokategorie der Gesellschaft nicht räumlich entworfen und auch nicht an die territoriale Einheit des Nationalstaats gebunden.

Die drei Wissenschaftler beschäftigen sich, freilich in sehr unterschiedlicher Weise, mit einem weltweiten sozialen System und der Frage, wie unter diesen Bedingungen soziale Ordnung möglich ist. Die Differenz in ihrer Perspektive und deren soziologische Einbettung ist das entscheidende Kriterium, um die drei Konzepte für die folgende Einführung auszuwählen. Angesichts der Vielzahl von Globalanalysen mag zunächst erstaunen, daß es auf dem soziologischen Markt der Weltgesellschaftskonzepte nicht unternehmungslustiger aussieht. Noch mehr erstaunen mag unter dem Gesichtspunkt internationaler Wissenschaftskommunikation auch der Sachverhalt, daß diese Ansätze ziemlich isoliert voneinander entwickelt wurden. Dies hat wohl vor allem mit Theoriekonstellationen zu tun.

So dominierten beispielsweise in den sechziger und siebziger Jahren Modernisierungstheorien, marxistische Theorien der Entwicklung, des Weltsystems und der »Dependencia«, von denen Heintz sich in seiner Konzeption des internationalen Entwicklungsschichtungssystems abgrenzt. Seine Fragestellungen konvergieren zwar z.T. mit denen von Meyer, doch das *World-Society*-Konzept aus Stanford ist von Beginn an weit mehr akteurorientiert. Zudem nimmt es eine phänomenologisch-konstruktivistische Tradition auf, nämlich Fragen nach der Erzeugung und erfolgreichen Reproduktion von Strukturen. Luhmann befindet sich mit seiner

System- und Evolutionstheorie sozusagen »oberhalb der Wolkendecke«. Sein Konzept der Weltgesellschaft ist abstrakt angelegt und sieht nicht die empirische Analyse von Problemstellungen wie in den beiden anderen Konzepten vor.

Insgesamt dient Weltgesellschaft bei Heintz, Meyer und Luhmann als ein makrosoziologischer, differenzierungs- und strukturtheoretischer Erklärungsrahmen (Heintz 1974b, 1974c, 1982a; Luhmann 1971, 1997; Meyer/Hannan 1979a; Meyer et al. 1997; Thomas et al. 1987). Als Erklärungsrahmen impliziert die Vorstellung von der Weltgesellschaft nicht eine Einheitlichkeit oder Zentralität in der Form politischer Steuerung, kultureller Homogenität oder ökonomischer Dominanz. Für alle drei Ansätze besteht im Gegenteil das Besondere des sozialen Systems der Weltgesellschaft gerade in dem »Fehlen einer eigenen Identität« (Heintz 1982a: 77) im Sinne eines integrierten Ganzen. Das soziale System zeichnet sich vielmehr durch eine hohe kulturelle Heterogenität aus (ebd.: 9).

So gesehen widerlegen weltweite regionale Unterschiede – in Form von Einkommensunterschieden oder technologischen Ressourcen – nicht die Existenz der Weltgesellschaft als *soziale Tatsache*, nämlich in dem Sinne, daß diese eine eigene Realität hat und der systematischen Beobachtung zugänglich ist (Durkheim 1895). Im Gegenteil, die Unterschiede im System der Weltgesellschaft werden vielmehr als interne Differenzierungen dieses umfassenden Systems aufgefaßt: »Das Ungleichheitsargument ist kein Argument gegen, sondern ein Argument für Weltgesellschaft« (Luhmann 1997: 162). Daher behaupten diese Konzepte auch nicht das Verschwinden regionaler Unterschiede im Sinne einer Konvergenzthese, obwohl die Standardisierung globaler Regeln und Routinen ein Kennzeichen der Weltgesellschaft ist. Die Weltgesellschaft stellt in allen drei Konzepten ein emergentes Phänomen und die Bezugs- und Zurechnungsgröße für andere Ebenen der Sozialorganisation dar.

In einem theoriegeschichtlichen Rahmen ist die Entstehung weltgesellschaftlicher Konzepte vor dem Hintergrund der Modernisierungsforschung nach 1945 zu verstehen. Innerhalb der Modernisierungsforschung wurden gesellschafts- und evolutionstheoretische Konzepte des sozialen Wandels im Weltmaßstab entwickelt (Parsons 1985). Das Interesse an Diffusionsprozessen entstand vor allem auf zwei Gebieten: Neben Kommunikations- und Netzwerktheorien (Deutsch 1966) untersuchten Innovationstheorien (Rogers 1962) die Verbreitung von Neuerungen im sozialen System. Die Frage der Geschwindigkeit von Diffusion stand hier bereits im Mittelpunkt und wurde über ihre Kommunizierbarkeit, ihre Einfachheit und Kompatibilität in Anlehnung an Talcott Parsons (1902–1979) erklärt (ebd.). Auch die Diskussion über Globalisierung in einer kommunikationstheoretischen Perspektive hat ihre Anfänge in der Modernisierungsforschung der sechziger Jahre (vgl. Robertson 1992a: Kap. I.).

Die Theorie des *World System* (Wallerstein 1974, 1990), die sich mit der Entstehung der kapitalistischen Weltökonomie und der zyklischen Entwicklungsdynamik zwischen Peripherie und Zentrum befaßt, wird ebenfalls vor diesem Hintergrund entwickelt. Die drei Konzepte von Heintz, Meyer und Luhmann grenzen sich von dem *World-System*-Ansatz ab, da er die Weltgesellschaft vor allem aus einem partikularen Funktionssystem erklärt und sie im wesentlichen über die ökonomisch-politische Herrschaftsstruktur beschreibt, ohne die Bedeutung anderer Teilsysteme gebührend zu berücksichtigen.

Die drei darzustellenden Konzepte unterscheiden sich von einem weiteren Ansatz, nämlich dem der Globalisierung, der ebenfalls aus der Modernisierungsforschung hervorgegangen ist und inzwischen in einer Vielzahl von Studien und Modellen behandelt wird. Globalisierungsansätze beschreiben zwar Phänomene der weltweiten Entgrenzung über den Mechanismus der Diffusion oder der Vernetzung, allerdings operieren sie weiterhin mit nationalstaatlichen Kategorien und konzipieren keine eigene weltweite gesellschaftliche Ebene (vgl. Giddens 1990; Robertson 1990, 1992a, 1992b). Nicht nur das theoretische Erklärungspotential dieser Studien im Hinblick auf Diffusion und Interrelation ist dabei sehr unterschiedlich (vgl. etwa Giddens 1990; Robertson 1992a; Beck 1997), die vielen Untersuchungen, die unter dem Dach der Globalisierung zu finden sind, variieren außerdem in der Determinierung einzelner Funktionssysteme und ihren normativen Implikationen (vgl. etwa Altvater/Mahnkopf 1997; Sassen 1996).

Die drei soziologischen Konzepte der Weltgesellschaft sind schließlich von den Begriffen des *Internationalen Sy-*

stems oder der *Internationalen Ordnung* zu unterscheiden, die sich politikwissenschaftlich im Bereich der *Internationalen Beziehungen* mit der internationalen politischen Ordnung befassen (vgl. Boeckh 1994). Weltgesellschaft erzeugt und verbreitet Strukturmuster, Normen und Regeln in einer globalen Dimension und ist nicht als eine Addition nationalstaatlicher Ordnungen zu verstehen. Im Unterschied zu politikwissenschaftlich orientierten Konzepten läßt sich die Spezifik des Weltgesellschaftsbegriffs daher nicht auf politische Akteure und die Generierung kollektiv bindender Entscheidungen einschränken. Unter diesem Gesichtspunkt sind die drei Konzepte von politikwissenschaftlichen Konzeptualisierungen zu unterscheiden (vgl. Brock et al. 1996; Senghaas 1972; Zürn 1992).

Problemstellung, Reichweite und empirischer Bezug erweisen sich bei Heintz, Meyer und Luhmann indes als unterschiedlich. Dies zeigt bereits ein kurzer Blick auf die Genese und Theoriekontexte. Heintz erarbeitet Vorstellungen zur Weltgesellschaft in seinem Modell des internationalen Entwicklungsschichtungssystems und verknüpft dieses mit seiner Strukturtheorie *sozietaler Systeme*, die auf Émile Durkheim (1858–1917), Max Weber (1864–1920) und Robert K. Merton aufbaut und empirische Grundlagenforschung einleitet. Die Weltgesellschaft faßt er als ein hochgradig komplexes soziales System mit einer eigenen Interaktionsebene auf. Meyer verbindet Webers Institutionen- und Zivilisationstheorie der abendländischen Rationalisierung mit phänomenologischen Konzepten der sozialen Konstruktion. Auf diese Weise entsteht im Schnittpunkt von amerikanischer Organisationsforschung und Neo-Institutionalismus das Konzept der *World Society*, das weltweite institutionelle Entwicklungen vor allem in komparativ angelegten Zeitreihen-Analysen erforscht. Bei Luhmann ist das Konzept der Weltgesellschaft ein Baustein seiner soziologischen Systemtheorie. Diese verknüpft Funktionsanalyse (Parsons 1985) und Phänomenologie (Husserl 1993) und nutzt die theoretische Anregung der Selbstorganisation (Maturana 1992) zur Reformulierung seiner Theorie sozialer Systeme. In diesem Theorierahmen werden die Grenzen der Gesellschaft über Kommunikation bestimmt.

Heintz und Meyer fassen die Weltgesellschaft als eine *soziale Tatsache* auf. In ihren empirischen Analysen untersuchen sie diesen Gegenstand vor allem auf der Organisationsebene. Demgegenüber ist die Weltgesellschaft bei Luhmann primär von theoretischem Interesse für die Ausarbeitung seiner System- und Gesellschaftstheorie. Entsprechend unterschiedlich lauten die Problemstellungen. Heintz befaßt sich mit Spannungen und Spannungstransfers im sozialen System der Weltgesellschaft. Er untersucht das weltweite Entwicklungsschichtungssystem auf Differenzierung und Verteilung und fragt, wie weltgesellschaftliche Ereignisse und Informationen verarbeitet werden können. Meyer geht von der Frage aus, welcher Zusammenhang zwischen der weltweiten Strukturähnlichkeit von institutionellen Mustern und der Diffusion eines westlichen Zivilisationsmodells besteht, und inwieweit sich dieses Modell als Handlungsschema für die Formation und Reproduktion einer weltgesellschaftlichen sozialen Ordnung eignet. In der systemtheoretischen Perspektive ist Luhmann daran interessiert, wie die gesellschaftlichen Teilsysteme ihren Funktions- und Leistungsbezug realisieren und welche Funktionssysteme mit der Umstellung von Vergangenheit auf Zukunft sowie von Raum- auf Bewegungsbezug die Zukunft der Gesellschaft bestimmen werden.

Wir haben es im folgenden also einerseits mit unterschiedlichen Theoriekontexten und verschiedenen Reichweiten der Problemstellung zu tun. Da alle Konzepte eine weltgesellschaftliche Ebene konzipieren, bietet sich andererseits ein gemeinsamer Bezugsrahmen an, der es erlaubt, Ähnlichkeiten und Unterschiede zu konturieren. Auf den folgenden Seiten sollen die Konzepte von Heintz, Meyer und Luhmann zunächst vorgestellt werden. Anschließend wird mit Beispielen aus der Forschung ein Einblick in weltgesellschaftliche Analysen gegeben.

Aus dem Weltobservatorium Schweiz: Peter Heintz

»If I study world society I am studying a very particular type of society, the knowledge of which promises to be fruitful for theory construction. This society has no identity, and it is not perceived by most of its members. In other words, I am studying a stateless society of immense complexity« (Heintz 1980c: 97).

»Auch wenn sich die sozialwissenschaftliche Forschung auf räumlich abgegrenzte Gesellschaften konzentriert und dadurch den Besonderheiten der betreffenden Gesellschaften Rechnung zu tragen versucht, sollte dies doch nicht so weit gehen, daß die Forscher den ihnen gemeinsamen Gegenstand der Weltgesellschaft übersehen« (Heintz 1982a: 10).

Warum man sich mit der Weltgesellschaft beschäftigen sollte

Heintz beschäftigte sich zu einem sehr frühen Zeitpunkt, in den sechziger Jahren, mit der Weltgesellschaft. In der Monographie »Weltgesellschaft« (1982a) stellt er sein Konzept zusammenfassend dar. Zunächst einmal geht er davon aus, daß »die Weltgesellschaft einen besonderen Typus von Gesellschaft darstellt, der sich von anderen bekannten Typen unterscheidet« (ebd.: 10), da dieses soziale Gebilde äußerst komplex ist und weder durch einen Staat noch durch eine gemeinsame Kultur zusammengehalten wird. Der Sachverhalt, daß viele Mitglieder die Weltgesellschaft »selbst nicht oder kaum wahrnehmen« (ebd.: 11), verweist gerade auf das Spezifikum dieses Gesellschaftstyps. Denn die Weltgesellschaft, so Heintz, wird als hochgradig strukturlos wahrgenommen, und die Mitglieder engen daher ihre Orientierungshorizonte ein, um sich von der Strukturlosigkeit der *weiten Welt* abgrenzen zu können.[4]

Heintz postuliert, »daß die Weltgesellschaft als ein System von umfassenden und umfaßten Systemen zu sehen ist, die miteinander interagieren«, und folgert: »Wir können dann von einem oder mehreren Systemen sprechen, die im strengsten Sinne weltweit sind, ferner von Systemen auf tieferen Systemebenen, die nicht weltweit sind« (ebd.: 12; vgl. Heintz 1974c: 25). Unter einem theoretischen Gesichtspunkt führt er fünf Gründe an, die dafür sprechen, sich soziologisch mit der Weltgesellschaft zu beschäftigen: 1. Bei der Weltgesellschaft handelt es sich um ein äußerst komplexes gesellschaftliches Gebilde ohne Staat. Es ist zu fragen, wie die Soziologie dieses Phänomen erklärt. 2. Angesichts dieser Komplexität stellt sich die Frage, wie die Weltgesellschaft beschrieben werden kann und welche individuellen und kollektiven Bilder ihre Mitglieder benutzen. 3. Der Begriff der Weltgesellschaft erlaubt die Korrektur gängiger Konzepte. 4. Die Weltgesellschaft ermöglicht die Konzeptualisierung eines

Mehrebenensystems. 5. Das Konzept der Weltgesellschaft ermöglicht eine Aggregation der Perspektiven der einzelnen Mitglieder und damit die Frage, welche Positionen sie innerhalb dieses Systems zum Ausdruck bringen. Diese fünf Gründe können wir als Orientierungsraster nutzen, um die Konzepte von Heintz, Meyer und Luhmann zu diskutieren.

Die interne Struktur der Weltgesellschaft

Ausgangspunkt für den Aufbau seines analytischen Koordinatensystems bildet bei Heintz zum einen die internationale Perspektive im Kontext der lateinamerikanischen Soziologie. Von 1956 an war Heintz 25 Jahre als Experte für die UNESCO tätig und reorganisierte in diesem Rahmen den soziologischen Lehr- und Forschungsbetrieb verschiedener lateinamerikanischer Länder. Mit seiner Leitung der sozialwissenschaftlichen Fakultät (FLACSO) in Santiago de Chile (1960–1965) setzt die Geschichte der modernen lateinamerikanischen Soziologie ein (vgl. Fuenzalida 1980; Geser 1983). Heintz baute das Konzept der Weltgesellschaft im Rahmen seiner entwicklungs- und strukturtheoretischen Analysen auf (Heintz 1962, 1969, 1973, 1974b), die er in Richtung auf eine allgemeine *Theorie sozietaler Systeme* (Heintz 1972) erweiterte. Im Rahmen dieser Theorie entwickelte Heintz systematische Annahmen über die Struktur sozialer Systeme und ihre Interferenz. Es handelt sich um eine hoch generalisierende Theorie, gewissermaßen eine Supertheorie, auf die wir an dieser Stelle nur soweit eingehen können, wie es der Zusammenhang erfordert.[5] Heintz faßte soziale Problemlagen lokaler Art frühzeitig unter dem Gesichtspunkt ihrer globalen Bedingtheit auf. Ausgangspunkt hierfür war in den sechziger Jahren die Entwicklung einer soziologischen Theorie des internationalen Schichtungssystems.

Theorien funktionaler Differenzierung sehen das Strukturmerkmal moderner Gesellschaften in der arbeitsteiligen Spezialisierung und in gesellschaftlichen Teilsystemen, die nach ihrer eigenen Funktionslogik operieren. Für Heintz bestand ein anderes wichtiges Merkmal moderner Gesellschaften in der ungleichen Verteilung von Ressourcen und begehrten Gütern, so daß er soziale Strukturverhältnisse unter dem Aspekt der schichtmäßigen Differenzierung betrachtete. Die drei allgemeinen Grundfragen der Soziologie lagen für ihn daher in der Ungleichheit der Verteilung, der funktionalen Differenzierung von Tätigkeiten und der Verknüpfung zwischen Verteilung und Differenzierung (Heintz 1982b: 19).

Das Innovative des Zugriffs besteht bei Heintz in dreierlei Hinsicht: 1. Seine Schichtungstheorie ist nicht normativ, d.h., er gibt keine Ziele von Entwicklungsrichtungen vor wie z.B. Modernisierungstheorien, die die höher entwickelten Länder zum Maßstab des Entwicklungsprozesses erheben. 2. Heintz postuliert eine Dynamik, die sich nicht aus einzelnen nationalstaatlichen Einheiten, ökonomischen Determinanten oder intranationalen Elementen erklären läßt. Er konzipiert die Weltgesellschaft als Sache eigener Logik und als ein neues Phänomen. 3. Mit dem Begriff der *konzentrischen Lagerung von Systemen* bzw. der *Konzentrik* (vgl. Heintz/Obrecht 1977: 2) bezeichnet er verschiedene Schichtungssysteme (interindividuell, interprovinziell, international). Bezogen auf die Weltgesellschaft heißt dies, daß die Provinz, die Nation, die Region ineinander verzahnt sind und daß diese Verknüpfung über das Individuum stattfindet, das an allen Systemen direkt oder indirekt beteiligt ist. Er konzipiert einen Zusammenhang von *umfassenden* und von *umfaßten* Systemen, die in einem Kräftefeld der Wechselwirkung stehen.

Diese drei Gesichtspunkte, die vor allem auf die Kontingenz von Entwicklung und die Emergenz der Weltgesellschaft abstellen, sind im Kontext der weitgehend marxistischen oder struktur-funktionalistischen Entwicklungs- und Modernisierungstheorien der sechziger Jahre durchaus ungewöhnlich.

Für diese Vorstellung von der Weltgesellschaft sind zudem die Begriffe ›strukturelle Spannung‹ und ›Spannungstransfer‹ zentral (vgl. Heintz 1962, 1969, 1972). Der Begriff der strukturellen Spannung enthält 1. die Vorstellung, daß sozialen Strukturverhältnissen eine Konfliktdimension innewohnt, aufgrund derer diese 2. Strategien des Equilibriums, des Wandels und der Transformation generieren. Aus dieser Dynamik können sich 3. für die Akteure Handlungsspielräume und strukturelle Chancen ergeben.

Für Heintz hatte sich die Weltgesellschaft nach 1945 konsolidiert. Im 20. Jahrhundert durchlief sie in zweierlei Hinsichten eine Phase wichtiger Veränderungen ihrer Parameter. Seit dem Ersten Weltkrieg spaltete sich die internationale Machtstruktur in relativ stabile Blöcke; nach dem Zweiten

Weltkrieg entstand im Zuge der Entkolonialisierung das internationale Entwicklungssystem.

Wie für Meyer (Meyer 1979, 1980; Meyer et al. 1997) bildete auch für Heintz die Reorganisation der internationalen Ordnung nach 1945 historisch die entscheidende Phase für die Konsolidierung der Weltgesellschaft. Mit der Entkolonialisierung und der Etablierung neuer Nationalstaaten wurden die infrastrukturellen Voraussetzungen für ein gemeinsames Interaktionsfeld geschaffen. Denn erst jetzt wurden weltweit aus allen politischen Gemeinwesen Nationalstaaten. Diese beschreiben sich als strukturell Gleiche, als Teile einer Weltgesellschaft, für die dieselben Regeln und institutionellen Muster (Souveränität, Gewaltmonopol, Bildungsinstitutionen, Menschenrechte etc.) gelten. Für Heintz nahm die Weltgesellschaft für eine gewisse Zeit die Form des internationalen Schichtungssystems an.

Dieser Wandel der internationalen Ordnung wurde nach Heintz zum entscheidenden Ausgangspunkt einer neuen Dynamik, nämlich der Herausbildung eines weltweiten Bezugs- und Erwartungshorizonts für den Grad der Entwicklung (Heintz 1974a; Heintz 1976b; Heintz/Obrecht 1977). Das Neue besteht aus der Perspektive der Individuen darin, daß sich Konsumptionserwartungen in Form des Lebensstandards weltweit verbreiten und als Konzept der Entwicklung institutionalisiert werden, d.h., Individuen können Entwicklung anstreben – und man kann erwarten, daß alle dies tun. Nicht nur Einheiten in Form von Nationalstaaten, sondern auch supra- und subnationale Einheiten (OPEC, EG, Provinzen) haben einen gemeinsamen weltweiten Bezugshorizont im Grad der Entwicklung und sind daher untereinander vergleichbar. Entwicklung hat einen universalistischen Gehalt und transzendiert nationale Grenzen.

Die UNO stellt einen exponierten Bereich dar, in dem diese sozialen Erwartungen an Entwicklung seit 1945 institutionalisiert worden sind. Da die UNO nach dem Prinzip *one country, one vote* funktioniert, ist diese internationale Organisation für alle Nationalstaaten zugänglich. Unter dem Gesichtspunkt der Schichtung dürften besonders die kleinen und ärmsten Entwicklungsländer großes Interesse an der UNO haben, die hochentwickelten Länder dagegen ein sehr geringes. Die UNO hat nach Heintz für das internationale Entwicklungsschichtungssystem eine wichtige Legitimationsfunktion. Sie ist einmal die Organisation, die über Maßnahmen der Umverteilung zum Spannungstransfer beiträgt. Dazu kommt ein weiterer Gesichtspunkt: »Auf die UNO kann aber auch deshalb nicht verzichtet werden, weil nur sie weltweit anerkannte Daten erhebt, die es ermöglichen, das internationale Entwicklungsschichtungssystem mehr oder weniger angemessen zu beschreiben und die entsprechende Politik zu formulieren« (Heintz 1982a: 54). Die UNO hat als Organisation also auch die Funktion, die Beschreibung der Weltgesellschaft und die Formulierung weltgesellschaftlicher Probleme allererst zu ermöglichen, indem sie hierfür Daten zur Verfügung stellt. Durch die Erhebung von Daten zur weltweiten Verbreitung institutionell anerkannter Muster formuliert die UNO weltweite Probleme.

Heintz hatte vier Subdimensionen der Entwicklung bestimmt, nämlich Pro-Kopf-Einkommen, Bildung, Differenzierung der Wirtschaft in primäre, sekundäre und tertiäre Sektoren sowie Urbanisierung. Theoretisch sind dies in der Differenzierungsdimension *Statuslinien*, die sich hinsichtlich ihrer Form und Funktion unterscheiden. Das Pro-Kopf-Einkommen war vor allem in den höheren Rängen des Entwicklungsschichtungssystems durch einen hohen Grad der Akkumulativität gekennzeichnet, demgegenüber hatte die Bildung gleichzeitig eine instrumentelle als auch eine legitimierende Funktion (vgl. Heintz 1974a: 25ff.).

Die instrumentelle Funktion lag in der verbreiteten Strategie der Entwicklungsländer, das Bildungssystem auszubauen, um die wirtschaftliche Entwicklung zu forcieren. Insbesondere in den mittleren Rängen, in den *Schwellenländern* im Übergang zum Industriestaat, war diese Strategie eine gewisse Zeit erfolgreich. Ebenso konnten Bildung und Wissenschaft aber auch die Funktion erhalten, einen Entwicklungsgrad bzw. den Anspruch auf Entwicklung zu legitimieren. Wird der Ausbau des Bildungssystems etwa nicht von entsprechenden wirtschaftlichen Entwicklungen begleitet, kann dies zu einer Illegitimierung des internationalen Schichtungssystems führen, nämlich zu Protesten gegenüber diesem System. Dies geschah in den sechziger Jahren beispielsweise in Form der Studentenunruhen in den Entwicklungsländern.

Im Hinblick auf das Bildungssystems gibt es einige interessante Parallelen zwischen Heintz und Meyer. Beide weisen auf die weltweiten Angleichungstendenzen im Primär- und Sekundärbereich hin. Sie verstehen den Ausbau des Bildungssystems nicht als Entwicklungsvoraussetzung, sondern als ein Instrument, das zur Beschleunigung der wirtschaftlichen Entwicklung genutzt wird. So wird Bildungsentwicklung als Konformitätsdemonstration eingesetzt, nämlich z. B. als Mittel, um internationale Gelder zu erhalten.

Die Struktur der Weltgesellschaft besteht aus der Gesamtheit der Statuslinien und ihrer spezifischen Beziehungen (ebd.: 19). Die Mobilität bzw. die Entwicklungsmöglichkeit von Ländern ist daher einerseits abhängig von der spezifischen Position des Landes im internationalen Schichtungssystem, also von der Position auf den einzelnen Statuslinien. Andererseits hängen Mobilität und Zugangschancen aber auch von der Gesamtstruktur ab, d. h. von der Weltgesellschaft als umfassendem System.

Theoretisch konzipiert Heintz die Struktur der Weltgesellschaft als ein Netzwerk von Mobilitätskanälen, die vertikal verlaufen, und auf denen Mitglieder sich von unterschiedlichen Positionen aus und mit unterschiedlicher Geschwindigkeit bewegen. Insgesamt gibt die Struktur der Weltgesellschaft somit eine Ungleichheit der Positionen wieder. Historisch werden erstmals Nationen, aber auch lokale Gemeinschaften und Individuen sozial unter dem Gesichtspunkt des Entwicklungsgrades miteinander vergleichbar (vgl. Heintz/Obrecht 1977: 1). Am Zürcher Institut wurden hierzu eine Vielzahl von Studien durchgeführt, die auf der Basis von weltweit zugänglichen Indikatoren wie Bildungsgrad, Pro-Kopf-Einkommen etc. den Wandel der Struktur der Weltgesellschaft und die Mobilitätswege der einzelnen Nationen untersuchten. Insgesamt ergaben diese Untersuchungen ein differenziertes Bild der Entwicklungswege und Entwicklungsstrategien vor allem der Entwicklungsländer im Zeitraum von 1960 bis 1980 (vgl. Heintz 1972; Heintz/Hischier 1983; Meyer-Fehr 1978).

Aus dieser Konzeption der Struktur der Weltgesellschaft in der Form des internationalen Entwicklungsschichtungssystems ergibt sich, daß die individuelle Situation stets über mehrere Mitgliedschaften erklärt werden kann. Die Situation eines Individuums ergibt sich nicht nur aus dem intranationalen und interindividuellen Schichtungssystem, sondern ebenfalls aus der Position seines Landes im internationalen

Schichtungssystem. Es besteht eine enge Beziehung zwischen individueller und nationaler Mobilität (Heintz 1974a: 13ff.). Individuen haben daher die Möglichkeit, über zwei verschiedene Strategien ihre Position zu verbessern, nämlich über den individuellen Aufstieg im intranationalen Schichtungssystem oder über den Aufstieg des Nationalstaates, dem sie angehören, d.h. über Entwicklung. Hierzu zählt auch zunehmend mehr die dritte Strategie der geographischen Mobilität, indem die intranationalen Entwicklungsgefälle zwischen Regionen ausgenutzt werden bzw. durch internationale Mobilität in Form der Migration.

Die Bedeutung der internationalen Mobilität im Rahmen des Entwicklungssystems ist im Bereich der Migration untersucht worden. Die am Zürcher Institut entstandenen Studien von Hans-Joachim Hoffmann-Nowotny (1970, 1972) zeigen, daß internationale Migration zwar massiv durch politisch-militärische Faktoren bedingt ist. Der große Teil der Migration ist aber vor allem auf ein sozioökonomisches Entwicklungsgefälle zurückzuführen, das von unten nach oben verläuft. Migranten, die nationale Grenzen überschreiten, beziehen sich somit auf einen weltgesellschaftlichen Horizont, d.h., sie »tun dies unter Bezug auf einen Rahmen, der sowohl über das Emigrations- als auch über das Immigrationsland hinausgeht« (Heintz 1982a: 9).

Unter welchen Bedingungen wird die Weltgesellschaft relevant? Unter welchen Bedingungen werden Ungleichheiten im externen System zum Thema gemacht? Heintz geht davon aus, daß für Individuen zunächst einmal jedes System relevant ist, das ihnen für ihre Interessen nützlich erscheint und über das sie möglichst viele Informationen erhalten. Da dies in der Regel das intranationale System ist, werden Individuen zuerst versuchen, über individuelle Strategien, wie Bildungsanstrengungen oder intranationale Mobilität, ihre Position im intranationalen System zu verbessern. Wenn sich diese Strategien als erfolglos erweisen, kann der Entwicklungsgrad des jeweiligen Nationalstaats für die Realisierung der Interessen von Individuen eine wichtige Rolle spielen. Eine weitere Möglichkeit besteht in der subkulturellen Differenzierung. Hierunter hat Heintz den Rückzug aus dem System bei Betonung zugeschriebener Positionen, z.B. in der Form von Ethnisierung, verstanden.

Diese Relevanzverschiebung von Spannungen zwischen

Systemebenen, d.h. die Spannungsinduktion, ist indes auch in einem anderen Verlauf denkbar. So kann nach einer fehlgeschlagenen staatlichen Entwicklungspolitik z.B. der Blick vom internationalen Schichtungssystem stärker zu den internen Bedingungen eines Landes wechseln (Heintz 1974a: 14). Heintz hat diesen Vorgang als Internalisierung bezeichnet (Heintz 1972, Bd. II: 144; 1982a: 66f.). Dies läßt sich aus heutiger Sicht am Iran illustrieren: In den siebziger Jahren bezogen sich die innenpolitischen Proteste auf Ungleichheiten im internationalen Entwicklungsschichtungssystem. Inzwischen werden Konflikte auf die interne Struktur bezogen und nehmen z.B. die Form religiöser Kämpfe an. In dieser Internalisierung sah Heintz einen Hinweis auf den Zerfall des Entwicklungsschichtungssystems, nämlich eine Illegitimierung des Entwicklungswertes.

Für den Nationalstaat beobachtete er frühzeitig einen Wandel, nämlich in der Form der multinationalen Korporationen, die zunehmend »die Funktion globaler Orientierungshorizonte für ihre Mitglieder, und zwar auf Kosten der politisch organisierten Gesellschaft«, zu übernehmen begannen (Heintz 1976b: 129). Auf diesem Gebiet sind am Zürcher Institut in internationalen Projekten die ersten Studien entstanden (Bornschier 1980; Bornschier/Chase-Dunn 1984; Bornschier et al. 1978). Im Fall der multinationalen Korporationen konnte die systematische Annahme aufgezeigt werden, daß »ein System Mitglied eines anderen Systems werden kann oder, im Gegenteil, diese Mitgliedschaft aufgibt. Eine solche Veränderung im Mitgliedschaftsstatus verändert dann auch die Zahl der Statuslinien, die für das Verhalten der Einheiten des betreffenden Systems relevant sind« (Heintz 1974a: 55). Die multinationalen Korporationen wandern aus dem Nationalstaat aus und kündigen damit Komponenten der Mitgliedschaft auf (vgl. ebd.: 58; Heintz 1974a: 55f.).

Begriffssysteme und Codes für die Weltgesellschaft

»The topic of world society has recently given rise [...] to the construction of world models, in particular to economic and resource-oriented models and to international relations [...]. But there is another, somewhat different point of view than that of world models, which shifts the focus of attention to world society in a more sociological sense. This shift emphasizes the idea that world society is a fact of life, i.e. people live with this fact, and in order to do so they produce or simply adopt an image of world society as a means of orientation« (Heintz 1982c: 12).

Wie nehmen Akteure die Weltgesellschaft wahr, wie verarbeiten sie weltgesellschaftliche Informationen in den Massenmedien, welche Eingrenzungen und Erweiterungen nehmen sie in ihren Alltagstheorien vor? Wie beschreiben die Sozialwissenschaften die Komplexität der Weltgesellschaft? Von den Alltagstheorien grenzte Heintz den soziologischen Code der Weltgesellschaft ab, also die theoretischen Konzepte, die sozialwissenschaftlich entwickelt werden, um die Komplexität der Weltgesellschaft zu verarbeiten. Er diskutierte zunächst die Vielfalt der Möglichkeiten, um Weltgesellschaft zu beschreiben.

1. Weltgesellschaft als Herrschaftsstruktur operiert mit der Vorstellung von Peripherie/Zentrum und konstruiert die Weltwirtschaft oft analog zur politischen Herrschaftsstruktur (Wallerstein).

2. Weltgesellschaft als internationales Schichtungssystem stellt die ungleiche Verteilung in den Mittelpunkt; Nationen werden diesen Vorstellungen subsumiert.

3. Weltgesellschaft als Konglomerat verschiedener Kulturen betont im Unterschied zur Vorstellung des gemeinsamen Entwicklungsschichtungssystems die Heterogenität von Kulturen.

4. Die Verknüpfung von Herrschafts- und Schichtungscode kann bedeuten, daß die weltweite Herrschaftsstruktur eine internationale Arbeitsteilung erzeugt, die die Unterschiede im Entwicklungsstand bestimmt.

5. Weltgesellschaft als Ergebnis der Geschichte befaßt sich mit der Koexistenz von Akteuren, die stabile Einheiten bilden, wie etwa Nationen.

6. Weltgesellschaft als weltweite sinnstiftende Interaktion (Luhmann) beschreibt die Weltgesellschaft als Gesamtheit der Interaktionen.

7. Das Diffusionsmodell stellt einen Code dar, in dem die weltkulturelle Dimension beschrieben werden kann.

8. Weltgesellschaft als Feld von Interaktionen zwischen zwei Partnern in einem vieldimensionalen Raum bedeutet, daß auch unabhängige Strukturdimensionen an der Entstehung einer Interaktion beteiligt sein können.

Die Spezifik des Heintzschen Konzepts liegt darin, daß er die Weltgesellschaft als emergentes Phänomen und als das umfassendste soziale System konstruierte, das keine Außenreferenz mehr hat. In dieser Auffassung besteht eine enge Koppelung mit Luhmann. Die Konzipierung von internationaler Schichtung, Dynamik der Ungleichheit und Spannungstransfer zwischen sozialen Systemen unterscheidet die beiden Konzepte indes grundsätzlich. Bei Luhmann besteht die weltweite Kommunikation in der Konstitution und Reduktion von Komplexität, die durch die Letzteinheit des Sozialsystems Gesellschaft realisiert wird. Die funktionale Eigenlogik und Selbstbezüglichkeit der gesellschaftlichen Teilsysteme wird in Hinsicht auf ihre Kommunikation betrachtet. Luhmann interessiert die Frage, wie Teilsysteme in einem weltgesellschaftlichen Zusammenhang ihre Funktion und Leistung erfüllen. Heintz beschäftigt das Problem, wie z.B. Nationalstaaten auf das Entwicklungssystem Bezug nehmen, welche Strategien der Demokratisierung oder der politischen Mobilisierung diese Länder einschlagen und welche integrativen oder desintegrativen Trends darin enthalten sind.

Anders als in dem Herrschaftskonzept von Wallerstein konzipierte Heintz die Dynamik der Ungleichheit nicht nur für ein spezifisches Teilsystem, wie z.B. für die Ökonomie, sondern er berücksichtigte wohl verschiedene Teilsysteme in seiner Konzeption, trug aber vielmehr der Komplexität und Dynamik der modernen Gesellschaft Rechnung.

Diese Annahme markiert die entscheidende theoretische Differenz zu den Entwicklungstheorien, die in den sechziger und siebziger Jahren dominierten. Von der Modernisierungstheorie grenzte Heintz sich ab: »Bei dem Problem, mit dem wir uns hier beschäftigen, handelt es sich somit nicht um das Problem des Übergangs von einem traditionellen zu einem modernen Zustand der Gesellschaft etwa mit Hilfe der sozialen und politischen Mobilisierung der Massen; unser Problem betrifft also nicht das, was man im allgemeinen Modernisierung nennt. Es bezieht sich vielmehr auf die vertikale Mobilität von Nationen im internationalen System« (Heintz 1974a: 22f.). Die weltgesellschaftliche Dynamik ist nicht über ein *Zentrum* bzw. über hoch entwickelte Länder zu erklären, vielmehr transzendiert sie diese individuellen Einheiten. Somit besteht die Wirkung der Weltgesellschaft in der gegenseitigen Durchdringung von verschiedenen Systemebenen und stellt sich in »Prozesse[n] des Spannungstransfers« (Heintz 1982a: 30f.) dar, nämlich in der Verschiebung der Relevanzen verschiedener Systemebenen, die durch Mitgliedschaft miteinander verknüpft sind.

Die Forschungsperspektiven bei Heintz und ihr Bezug zur Organisationsebene stellen eine Koppelung zu den Forschungen von Meyer und seinen Mitarbeitern dar:

1. Für Heintz lassen sich durch Weltgesellschaftsanalysen nicht nur globale Probleme (natürliche Ressourcen etc.) identifizieren und lokalisieren. Die Beschäftigung mit der Weltgesellschaft kann außerdem zur Entwicklung eines Codes führen, »der es erlaubt, weltweit anfallende Information angemessener als bisher zu verarbeiten« (ebd.: 14). Hiermit sollten Ereignisse, wie etwa die weltweiten Studenten- und Jugendrevolten der sechziger Jahre oder Regimewechsel, die an verschiedenen Stellen der Welt stattfinden, auf ihre Verknüpfung hin untersucht werden. Dafür wurden verschiedene Quellen in Betracht gezogen, zum einen Ereignisdaten aus den Massenmedien als eine Quelle für Indikatoren strukturellen Wandels. Zum anderen sollte auf Informationen und Daten internationaler Organisationen sowie auf »standardisierte Informationen« zurückgegriffen werden, die von verschiedenen Akteuren verbreitet wurden (vgl. Heintz 1974c).

In diesem Zusammenhang hat Heintz sozioökonomische Indikatoren vorgeschlagen, mit denen z. B. institutionalisierte Werte sozietaler Einheiten (Nationen) in Form von Kodifikationen und Verträgen oder in Form von Bildungsstandards und Schulbüchern im Hinblick auf ihre Beschreibungen der Weltgesellschaft erforscht werden sollten (vgl. Heintz 1974b). Die Forschungsgruppe von Meyer hat, wie im nächsten Kapitel zu zeigen sein wird, auf diesem Gebiet inzwischen umfangreiche Studien vorgelegt.

2. In forschungsimmanenter Perspektive schlug Heintz vor, Analysen nationaler Einheiten in einen weltweiten Bezugsrahmen zu stellen und dabei vor allem auch den »Wandel dieses Bezugsrahmens über die Zeit hinweg zu beachten« (Heintz 1982a: 14). Dieser Zugriff ermögliche die Untersuchung gleichzeitig vergleichbarer Gesellschaften und somit »eine maximale Varianz der für den Vergleich verwendeten Variablenwerte« (ebd.: 15). Meyers Forschungsteam

hat diesen methodologischen Zugriff inzwischen genutzt. Seine Weltgesellschaftsanalysen bestehen vor allem aus vergleichenden Zeitreihen-Studien.

3. Darüber hinaus liegen Verknüpfungen zwischen Heintz und Meyer einmal darin, daß beide von Werten und damit von Legitimität ausgehen. Zum anderen fassen beide die Weltgesellschaft als ein eigenes dynamisches Feld von Interaktionen auf. Nationalstaaten und internationale Organisationen sind dabei als Akteure von besonderer Bedeutung, da sie verschiedene Zugänge der Mitgliedschaft darstellen, die individuell und kollektiv relevant sind.

Die Topographie der Weltgesellschaft aus Stanford: John W. Meyer und seine Forschungsgruppe

»The power of modern culture – like that of medieval Christendom – lies in the fact that it is a shared and binding set of rule exogenous to any given society, and located not only in individual or elite sentiments, but also in many world institutions« (Meyer 1980: 117).

Die Weltgesellschaft wird oft als eine freie Weltmarktgesellschaft beschrieben, die ohne jede politische Kontrolle operiert. Dies ist Meyer (ebd.: 113) zufolge jedenfalls die Sicht der ökonomisch determinierten Theorien des *World System* (Wallerstein 1974), die von der Dominanz des ökonomischen Prozesses ausgehen. Nationalstaaten erhalten in diesem Raster die Funktion, als Hauptakteure der ökonomischen Kräfte zu operieren und damit untereinander den Wettbewerb zu forcieren. Unter diesen Voraussetzungen, so folgerte Meyer, würde die Welt, in der wir leben, allerdings anders aussehen. Wir hätten z.B. mit einer außerordentlichen Instabilität von Organisationen zu rechnen. Wir müßten uns politische Organisationen nach dem Muster wirtschaftlicher Organisationen vorstellen, die bei Erfolg expandieren und bei Mißerfolg zusammenbrechen und entsprechend verschwinden. Und es sei schließlich damit zu rechnen, daß bestimmte Nationalstaaten entsprechend ihrer *Klassen*-Position im Weltsystem andere Institutionen und Verfahren einführen würden als Nationalstaaten im unteren Segment. Diese Annahmen werden indes durch die Wirklichkeit widerlegt. Und so stellte sich die Frage, wie ökonomisch orientierte Theorien des Weltsystems erklären können, daß arme und reiche Länder dieselben institutionellen Arrangements implementieren, daß nicht nur die Bildung in allen Ländern expandiert, sondern sich mit ihr auch Urbanisierung, staatliche Dienstleistungen und Kommunikationssysteme mit ähnlichen Strukturmerkmalen ausbreiten.

Am Anfang von Meyers Konzept stand also die Abgrenzung von ökonomisch determinierten Theorien und die Beanspruchung soziologischer Konzepte zur Erklärung weltgesellschaftlicher Phänomene. Für Meyer war Fortschritt in Anlehnung an Weber nicht allein und ausschließlich auf den Marktaustausch zurückzuführen, sondern vor allem auf »rationalized collective action« (Meyer 1980: 111). In Referenz auf Weber interessierte er sich daher für die Spannung von Ideen und Interessen (vgl. Lepsius 1990). Anders als ökonomische Austauschbeziehungen faßt er die Weltgesellschaft als ein hoch institutionalisiertes System struktureller und kultureller Regeln auf. Theoretisch verstand Meyer in den siebziger Jahren sein Konzept als Kritik an modernen Sozialtheorien, die den Austausch von den Vorstellungen über die Konstruktion sozialer Einheiten trennen, die an diesem Austausch beteiligt sind. Mit Hilfe phänomenologisch geleiteter Konzepte sozialer Konstruktion (Berger/Luckmann 1969; Goffman 1967) kritisierte er diese theoretische Trennung zwischen Struktur und ihrer Hervorbringung und wendete sich »against the tendency of social science to follow modern ideologies (of both the left and the right) in isolating the two« (Meyer 1980: 111).

Meyer nutzte dagegen die phänomenologisch-konstruktivistische Sicht auf die Reproduktion von Beziehungen als Erzeugung des Sinns sozialer Ordnung für makrosoziologische Fragestellungen. Er grenzte sich mit diesem Ansatz sowohl von Theorien ab, die die Reproduktion von Struktur nicht erklären können. Er kritisierte aber auch die Theorien rationaler Wahl, die nutzenorientierte Akteure unterstellen. Die Kritik an diesen Richtungen der Globalanalyse bildet bis heute ein Charakteristikum des *World-Society*-Konzepts: »These scholars recognize no order of social reality that transcends states nor any type of authority or actorhood but that of self-interested, rational states« (Boli/Thomas 1999: 16).

Strukturähnlichkeiten und Isomorphie

»For a century and more, the world has constituted a singular polity. By this we mean that the world has been conceptualized as a unitary social system, increasingly integrated by networks of exchange, competition, and cooperation, such that actors have found it ›natural‹ to view the whole world as their arena of action and discourse« (Boli/Thomas: 14).

Meyer, als Vertreter der Bildungs- und Organisationssoziologie an der Stanford University, und seine Forschungsgruppe haben bereits in den siebziger Jahren ein Phänomen diskutiert, das sie seitdem in ihren Studien behandeln: Insgesamt zeigt die Welt zunehmende Strukturähnlichkeiten zwischen Gesellschaften auf, ohne daß sich zwischen diesen Gesellschaften ebenfalls eine Gleichheit in ihrem Einkommen oder in ihrer Kontrolle über notwendige Güter abzeichnet (vgl. Meyer/Hannan 1979b: 15). Diese *Isomorphie* oder *Homologie* stellten sie zunächst in ihren Untersuchungen des Bildungssystems fest und kamen zu dem Ergebnis, daß 1. die *World Educational Revolution* (1950–1970) nicht eine Funktion variierender national-struktureller Charakteristika war, sondern einen Prozeß darstellt, der vor allem durch exogene Faktoren bedingt ist; daß 2. die Bildungsexpansion in allen Ländern Strukturähnlichkeiten in bezug auf Schulsysteme, Typendifferenzierung, Curricula etc. aufweist. Weitere Gebiete, auf denen die Gruppe von Meyer ebenfalls in den siebziger Jahren Isomorphien untersuchte, sind die Formation von Regimen, die politische Inkorporation von Frauen sowie nationale Verfassungen und Zyklen der Entkolonialisierung (vgl. die Beiträge in Meyer/Hannan 1979a; Thomas/Meyer/Boli 1987 und Bergesen 1980).

Die Beschäftigung mit der Verbreitung institutioneller Muster auf weltgesellschaftlicher Ebene und die These, daß nationalstaatliche Entwicklungen durch exogene Faktoren induziert sind, bilden den Ausgangspunkt in Meyers Forschungsansatz. Der erste Sammelband seiner *World-Society*-Studies, den Meyer 1979 mit Michael T. Hannan herausgab, formuliert diese Forschungsagenda: »It would be a mistake to see these worldwide changes as simply reflecting processes internal to particular national societes. The emergence, in the most unlikely parts of the world, of formally independent nation-states, each controlling a newly elaborated educational system, and each institutionalizing the modern principles of citizenship and formal equality, requires another level of explanation. The world system itself has been changing – and changes in national societies must be seen as closely interrelated with this transformation« (Meyer/Hannan 1979c: 297).

Die Diffusion strukturähnlicher Muster wird in diesem Untersuchungskontext indes nicht als Trend zur Gleichheit aufgefaßt. Die Fragestellung lautet vielmehr umgekehrt, wie das Phänomen der kulturellen und institutionellen Isomorphie, also eine Strukturähnlichkeit in unterschiedlichen Lokalitäten, trotz der sozialen, ökonomischen und politischen Heterogenität dieser Länder zu erklären ist: Warum sind staatliche Organisationsformen der Verwaltung oder Komponenten des politischen und Militärsystems in industriell hoch und niedrig entwickelten Ländern ähnlich? Warum enthalten nationale Verfassungen und Schulbücher ähnliche Vorstellungen von Individuen und Bildung? Wie ist es außerdem zu erklären, daß sich diese Strukturähnlichkeit erst nach 1945 ausbreitet, nicht aber bereits im früheren Kolonialsystem, das den Transfer der Institutionen leicht ermöglicht hätte?

Die Fragestellung zielt also auf den kontra-intuitiven Sachverhalt, daß sich trotz hochgradiger Ungleichheit und sozialer Differenz Strukturähnlichkeiten auf weltgesellschaftlicher Ebene herausbilden. Die Ausgangsannahme weist bei Meyer in dieser Frage eine große Nähe zu Heintz auf. Auch Meyer geht von einem weltweiten Entwicklungsschichtungssystem aus: »Common definitions of the (technical) nature of reality, of value, of the nature of man, and of equity, seem dominant in the modern system. The world system has moved toward a single stratification system, in which all nations compare their progress on the same scales. Differences among societies are seen more as inequalities and distributional inequities within a single system, rather than as the result of independent evolution of discrete units« (ebd.: 301). Das Schichtungssystem bildet – wie auch bei Heintz – durch die Entwicklung institutionalisierter Werte einen gemeinsamen globalen Bezugshorizont.

Der *World-Society*-Ansatz hat inzwischen zu einem breit angelegten Forschungsprogramm geführt. In den siebziger Jahren begann das Forschungsteam in Stanford zunächst systematisch damit, Daten für empirische weltgesellschaftliche Analysen zu erschließen. Hierbei verknüpften sie die komparative Analyse mit dem Verfahren der Zeitreihen-Untersuchung. An anderen Studien kritisierten sie, daß diese entweder nur Querschnitts-Analysen oder nur Zeitreihen-Analysen durchführten. Die Verbindung beider Formen ist entscheidend für das *World-Society*-Konzept, um nämlich die Frage nach der Variation zwischen Nationen und über die Zeit hinweg zu untersuchen (vgl. Meyer/Hannan 1979b). Inzwischen sind aus diesem groß angelegten Projekt eine beachtliche Anzahl komparativ-makrosoziologischer Zeitreihen-Studien hervorgegangen (Thomas/Meyer/Boli 1987; Boli/Thomas 1999; McNeely 1998).

Den weiteren zivilisations- und organisationstheoretischen Bezugsrahmen bildet Webers Modell der abendländischen Rationalisierung. Diese Referenz stellt die zweite analytische Komponente des *World-Society*-Konzepts dar, um die Frage zu untersuchen, 1. warum westliche Modelle des Fortschritts sich aus ihrem Ursprungskontext lösen konnten und 2. warum diese Lösung und Diffusion sich dermaßen erfolgreich vollzog: »The visibility of what started as Western models of the nation-state and its citizenry was not an accident. These models were not so much pirated [...] as carried across the world with missionary zeal [...]. To be sure, this voyage was riddled with inconsistencies and contradictions but the universalistic character of the scripts facilitated their increasingly worldwide use« (Ramirez/Meyer 1998: 60).

Meyer knüpft an Webers Vorstellung vom *Fortschritt* in der Moderne an. Insbesondere die Reorganisation des sozialen Lebens im Rahmen rationalisierter sozialer Organisation und Herrschaft ist hierfür relevant, d.h. »the structuring of everyday life within standardized impersonal rules that constitute social organization as a means to collective purpose« (Meyer/Boli/Thomas 1987: 24). Webers Gedanken zur Rationalitätssteigerung in der Moderne, also nicht nur das zweckrationale Handeln, sondern vor allem die Dimension der formalen Rationalität, wird von Meyer weiter verfolgt. Der Bezug auf universal angewandte Regeln, wie wissenschaftliche Methoden oder Vorschriften in Form von Gesetzen, ist dabei zentral. Rationalisierung erzeugt Regeln, die nicht auf *face-to-face relations* basieren und die universal wirksam werden. Die erfolgreiche Verbreitung westlicher

Modelle erklärt Meyer zunächst noch sehr allgemein mit Rationalisierung, Standardisierung und Generalisierung. In dieser Sicht verbreiten Organisationen und Institutionen Konzepte rationalen Handelns im Weltzusammenhang. Die zwei analytischen Komponenten des *World-Society*-Konzepts, nämlich 1. die Verknüpfung konstruktivistischer Ansätze mit makrosoziologischen Fragestellungen und 2. die Webersche Institutionen- und Zivilisationstheorie, werden durch die neo-institutionalistische Perspektive erweitert und präzisiert.

Neo-Institutionalismus und die Präzisierung kognitiver Konzepte

Das *World-Society*-Konzept ist durch eine Weber-Rezeption abgestützt, die Meyer 1977 mit Brian Rowan (Meyer/Rowan 1977) entwickelt hat. Dieser Beitrag, der inzwischen zu den klassischen Texten des organisationssoziologisch begründeten Neo-Institutionalismus zählt (vgl. Powell/DiMaggio 1991a), soll hier kurz referiert werden, um die Erweiterung des Ansatzes der Forschungsgruppe von Meyer transparent zu machen. Der Beitrag kritisiert die amerikanische Rezeption des Weberschen Bürokratiemodells in der Organisationsforschung, die die Effektivität und Kontrolle formaler Organisationen in den Mittelpunkt stellte. Diese Ansätze »have neglected an alternative Weberian source of formal structure: the legitimacy of rationalized formal structures« (Meyer/Rowan 1977: 43f.). Die Elemente formaler Strukturen sind den Autoren zufolge Ausdruck wichtiger institutioneller Regeln, »which function as highly rationalized myths« (ebd.: 44).

Meyer und Rowan konzeptualisieren formale Organisationen als soziale Gebilde, die ihre Strukturen mit dem Ziel der Legitimität und nicht primär zur funktionalen Problemlösung entwickeln. Die zentrale These lautet, daß formale Organisationsstrukturen Mythen zum Ausdruck bringen, die in ihrer gesellschaftlichen Umwelt institutionalisiert sind. Hierunter verstehen sie: 1. Organisationen inkorporieren Elemente, die extern legitimiert sind; 2. Organisationen verwenden rituelle Beurteilungskriterien, um den Wert struktureller Elemente zu bestimmen; 3. die Abhängigkeit von extern bestimmten Institutionen erhält die Stabilität der Organisation. Damit kopieren Organisationen *Mythen*, also bestimmte Erwartungshaltungen ihrer Umgebung und stellen eine Gestalt- und Strukturähnlichkeit zu ihrer Umwelt her (vgl. hierzu einführend Meyer/Scott 1992; Scott 1995; Hasse/Krücken 1999).

Das folgende Beispiel aus dem Wissenschaftsbereich kann diesen Vorgang illustrieren. Interdisziplinarität ist in den letzten 15 Jahren zu einem Kriterium der Forschungsförderung geworden. Man denke dabei an Graduiertenkollegs, Sonderforschungsbereiche, Forschergruppen und vergleichbare Einrichtungen. Aufgrund dieser Anforderung ist es nützlich, im Design eines größeren Forschungsantrages auf Interdisziplinarität zu achten. Als Folge davon beschreiben sich Universitäten mit entsprechend konzipierten Projekten zunehmend als Organisationen, die interdisziplinäre, d.h. innovative Forschung betreiben. Anders formuliert: Inzwischen beziehen immer mehr Forschungsanträge interdisziplinäre Elemente ein. Die Folge davon ist, daß Forschungsanträge in dieser Hinsicht eine Strukturähnlichkeit erzeugen und daß sie zu Standardisierungsprozessen im Wissenschaftssystem und zur Stabilisierung der eigenen Organisation beitragen.

Der für das Konzept der *World Society* entscheidende Gedanke ist hier, daß Organisationen als offene Systeme in ihrer Umwelt operieren und bestimmte Erwartungshaltungen aufgreifen, um die eigene Legitimität zu sichern. Dieser Gedanke der Isomorphie und Homogenisierung wird in einem zweiten wichtigen Beitrag des Neo-Institutionalismus präzisiert. Walter W. Powell und Paul J. DiMaggio (1991b) definieren Mechanismen des institutionellen Wandels durch Strukturähnlichkeit. Zunächst präzisieren sie das Verhältnis zwischen Organisation und gesellschaftlicher Umwelt, indem sie den Begriff der organisationalen Felder einführen. Diese Felder bestehen aus den Organisationen, die den Bezugsrahmen für die einzelne Organisation bilden, die zu untersuchen ist. Mit der Vorstellung des Feldes betonen sie zwei wichtige Gesichtspunkte, nämlich 1. die Verbindung (*connectedness*) zwischen den Einheiten in einem organisationalen Feld, 2. die strukturelle Äquivalenz der Einheiten (vgl. ebd.: 64f.). Innerhalb des organisationalen Feldes finden Angleichungsprozesse statt, die als *institutionelle Isomorphie* bezeichnet werden. DiMaggio und Powell identifizieren drei Mechanismen zur Herstellung von Isomorphie, nämlich Zwang, Imitation und normativen Druck (vgl. ebd.: 67ff.).

Bei der durch Zwang bewirkten Isomorphie ist vor allem an staatliche Vorgaben, die sich z.B. in Rechtsnormen niederschlagen, zu denken. Dies betrifft Vorgänge der Verrechtlichung, die gesellschaftlich institutionalisierte Vorstellungen in Rechtsnormen umsetzen wie im Fall von Menschenrechten und Gruppenrechten. Angleichungsprozesse über Imitation finden dann statt, wenn hohe Unsicherheit oder ungenaue Problemlösungsvorstellungen existieren. Der Bereich technischer Innovation bietet ein gutes Beispiel hierfür. Der dritte Mechanismus des normativen Drucks wird insbesondere durch Professionen und insgesamt durch Expertensysteme erzeugt. Man denke hier etwa an die Bedeutung der Mediziner für die Herausbildung von Gesundheitsstandards.

Nun wird die forschungsstrategische Koppelung von *World-Society*-Konzept und Neo-Institutionalismus deutlich. Das neo-institutionalistische Instrumentarium kann zur Untersuchung der Strukturähnlichkeit von Organisationen im weltweiten Rahmen eingesetzt werden. Hiermit läßt sich rekonstruieren, wie Organisationen in ihrer Umwelt operieren, welche Mythen sie zu ihrer Reproduktion aufgreifen und welche Standardisierungen sie erzeugen. Die frühen Forschungen, die den theoretischen Rahmen der *World Society* bestimmen, fassen die Weltgesellschaft als ein System auf, das Werte »through the collective conferral of authority« erzeugt (Meyer 1980: 111f.). Die Regeln, die durch diese kollektive Verleihung von Autorität entstehen, können in kulturellen oder politischen Prozessen lokalisiert sein. Oft aber sind es staatliche Handlungen, die direkt Werte durch die Erzeugung von Zielen konstruieren. Meyer identifiziert in diesem Zusammenhang drei Strukturformen, die für die Formation der *World Society* konstitutiv sind, nämlich den Staat als zentrale Organisationsform, formale Organisationen als grundlegende Einheiten und das rationale Individuum als Handlungsträger (Meyer 1980). Die Fragestellung lautet: Wie erzeugen, verbreiten und reproduzieren diese drei Komponenten institutionalisierte Werte?

Um diese makrosoziologische Sicht deutlich zu machen, sei noch einmal auf eine frühe Arbeit von Meyer verwiesen, in der er seine Forschungsperspektive auf Institutionen am

Beispiel des Bildungssystems erläutert (vgl. Meyer/Hannan 1979b: 9). Das Bildungssystem, so Meyer, aktiviert moderne Normen auch für diejenigen, die es nicht nutzen konnten, es dient damit ebenso für die Legitimation eines Status wie für Handlungsstrategien moderner Eliten. Den Referenzpunkt zur Untersuchung dieses Systems bildet für Meyer daher eher die normative Struktur einer Nation als das Individuum. Damit liegt der Fokus im organisationellen Gesichtspunkt und bei kollektiven Akteuren. Von hier aus stellt sich das Problem so dar: Wie werden die im Bildungssystem institutionalisierten Vorstellungen über das Individuum, Gerechtigkeit und Staat von Individuen als Bürger angeeignet und im sozialen Vollzug verbreitet?

Im *World-Society*-Konzept hat der Nationalstaat in zweierlei Hinsichten eine außerordentlich wichtige Funktion. 1. bildet er ein Segment der Weltgesellschaft und damit ein Element der internen Differenzierung. 2. greift er als Organisation globale Erwartungshaltungen auf, institutionalisiert sie und erzeugt auf diese Weise eigene Autorität und weltgesellschaftliche Normen. Welches sind nun die Triebkräfte, die isomorphe Muster erzeugen? Meyer und sein Forschungsteam identifizieren drei Prozesse, durch die weltgesellschaftliche Elemente den Nationalstaat autorisieren, nämlich »the construction of identity and purpose, systemic maintenance of actor identity, and legitimation of the actorhood of such subnational units as individuals and organized interests« (Meyer et al. 1997: 157).

Die Konstruktion von Identität läßt sich in Europa für den Staat bis in das 12. Jahrhundert zurückverfolgen. Staatliche Identität als Form der gegenseitigen externen Anerkennung hat zwar seit der Frühen Neuzeit eine lange Geschichte, aber erst mit der antikolonialen Bewegung und der Selbstbestimmungsbewegung des 20. Jahrhunderts wird diese Anerkennung der Identität zur weltweiten sozialen Wirklichkeit. Seit 1945 gibt es mehr als 130 neue Nationalstaaten, die ihr Einverständnis mit den weltweiten Modellen nationaler Identität, Souveränität etc. erklären (ebd.: 158). Seitdem existiert auf dem Erdball kein Territorium mehr, das in einer anderen Weise abgegrenzt ist.

Für die systematische Bestandserhaltung der staatlichen Akteuridentität sind nach 1945 spezifische globale Organisationen zuständig. Wenn Staaten nicht dazu in der Lage sind, ihre eigene Politik umzusetzen, erhalten sie internationale Hilfe zur Erreichung dieser Ziele. Seit 1945 sind hierfür Organisationen (Weltbank, IWF etc.) etabliert worden, die die Parameter der Entwicklungs- und Wirtschaftspolitik bestimmen (ebd.: 159f.).

Schließlich legitimiert der Nationalstaat subnationale Einheiten und generiert auf diese Weise weltgesellschaftliche Muster. Im Bereich der sozialen Bewegung ist die Frauenbewegung ein aufschlußreiches Beispiel hierfür. Die weltweite Standardisierung der Norm der Gleichheit im Geschlechterverhältnis ist z.B. über die Verbreitung legitimer Werte durch staatliche Instanzen erreicht worden: »From the world society perspective the world models and their carriers constitute the broader global frame within which nation-states are embedded. This frame accounts not only for nation-state isomorphism but also for isomorphism in subunits and in their strategies of collective action, e.g. the internationalization of social movements in general and the women's movement in particular. World society thus operates in a manner analogous to an organizational field« (Ramirez 1999: 2; ausführlich dazu Berkovitch 1998, 1999a).

Weltweite Modelle und Schemata bilden für Nationalstaaten das organisationale Feld, das nach Powell und DiMaggio als Umwelt dient, in der Organisationen wie der Staat operieren und Muster adaptieren. Mit diesem Ansatz kann also erklärt werden, daß durch die direkte Verknüpfung von lokalen und globalen Akteuren »many axes of mobilization« entstehen (Meyer et al. 1997: 161). Auf diesen gesamten Bereich werden wir im zweiten Teil, in der Diskussion der Forschung eingehen.

Schauen wir uns die institutionalistische Perspektive auf die weltgesellschaftliche Kultur an, wie sie sich in jüngeren Arbeiten der Meyer-Gruppe darstellt (vgl. Boli/Thomas 1999). Insgesamt geht dieses Konzept davon aus, daß individuelle und kollektive Akteure sich auf weltweite kulturelle Prinzipien beziehen, die z.B. Vorstellungen über Individuen mit Emotionen, spezifischen Bedürfnissen und Rechten enthalten und auf diese Weise soziale Identitäten und Erwartungshaltungen verallgemeinern. Diese kulturellen Prinzipien aktivieren nicht nur bestimmte Regeln und Muster, sondern, so die grundlegende These, sie erzeugen in diesem Prozeß auch Akteure. So reproduzieren Organisationen z.B.

das Prinzip wohlfahrtsstaatlicher Verpflichtungen oder individuelle Selbstbestimmung und schaffen damit Handlungsschemata für Staatsbürger, Politiker etc. Boli und Thomas identifizieren in ihren Studien über »Internationale Nicht-Regierungsorganisationen« insgesamt fünf globale kulturelle Prinzipien, die an der Konstituierung der *World Society* beteiligt sind: Universalismus, Individualismus, *rational voluntaristic authority*, Rationalisierung des Fortschritts und *world citizenship* (vgl. ebd.: 17).

Das institutionalistische Konzept von Kultur auf der weltweiten Ebene besagt 1., daß Definitionen, Prinzipien und Handlungsschemata kognitiv auf der gesamten Welt in ähnlichen Formen erzeugt werden. Die Existenz und der allgemeine Zweck von Staaten, Schulsystemen oder TV-Anstalten sind bekannt; 2., daß diese Schemata hinreichend abstrakt sind, um sie überall auf der Welt anzuwenden und ihnen universale Geltung zu unterstellen. Der Staat ist für Ordnung und Koordination zuständig, so benötigen etwa Frankreich und Südafrika, China und Algerien einen Staat. Da die Grundschule eine Bedingung für die nationale Entwicklung ist, benötigen Staaten Schul- und Bildungssysteme. In der gegenwärtigen *World Society* sind die dominierenden globalen Akteure, die in einem hohen Maße diese kulturellen Regeln diffundieren, Nationalstaaten, internationale Nicht-Regierungsorganisationen und transnationale Korporationen (vgl. die Einzelstudien in Boli/Thomas 1999).

Die UNO ist zwar eine schwache Organisation, die aber insofern eine besondere Ebene der Interaktion darstellt, als sie viele Regeln der modernen Weltordnung symbolisiert und weiter verbreitet. Wie schon Heintz ausführte, betont das Handlungsmuster der UNO die Dominanz und die Legitimität von Nationalstaaten als Organisationsformen und deren Verpflichtung, für ihre Bevölkerung Ziele des modernen *Fortschritts* zu verfolgen. Diese Handlungsschemata sind nicht auf Einstellungen oder Verhalten einzuschränken, sondern sie stellen kognitive Regeln und Prinzipien dar. Unter diesem Gesichtspunkt hat sich die Meyer-Gruppe daher in ihren vergleichenden Zeitreihen-Analysen von Beginn an mit weltweit isomorphen Mustern in nationalen Verfassungen (Boli 1987) und Bildungssystemen beschäftigt (Meyer 1977).

Das soziologische Konzept der *World Society*, das Meyer

und sein Team auch als *World Polity* bezeichnen, ist also zu unterscheiden von den Begriffen des *Internationalen Systems* oder der *Internationalen Ordnung* (vgl. Boeckh 1994). Denn Meyer und seine Mitarbeiter verstehen unter der *World Polity* eine weltgesellschaftliche Ordnung der Sozialorganisation, die auf einer globalen Dimension Strukturmuster, Normen und Regeln verbreitet und erzeugt. Wie die Ausführungen über die Diffusion institutioneller Muster gezeigt haben, ist diese weltgesellschaftliche Dimension nicht als eine Addition nationalstaatlicher Ordnungen zu verstehen. Sie stellt vielmehr eine Transzendierung der nationalstaatlichen Ebene und daher eine Sache eigener Logik dar. Daher geht die Problemstellung des *World-Society*-Ansatzes über politische Akteure und die Generierung kollektiv bindender Entscheidungen hinaus und ist unter diesem Gesichtspunkt von entsprechenden politikwissenschaftlichen Konzeptualisierungen abzugrenzen (vgl. Brock 1996; Zürn 1992).

Die Regeln, die das System der Nationalstaaten als Form und Handlungsmuster bestimmen, transzendieren nationalstaatliche Grenzen und sind exogen (vgl. Meyer et al. 1997). Sie prägen einerseits die Strukturform des Nationalstaates als legitime korporative soziale Autorität (Territorium, Bevölkerung, Gewalt, Delegitimierung anderer Organisationsformen) und andererseits den kulturellen Inhalt (Vorstellungen über Modernität, Fortschritt, Gerechtigkeit etc.) der *World Society*. Staatliche Organisationen und Instanzen bieten dementsprechend die Infrastruktur für den Transfer und die Generierung von Handlungsschemata (vgl. Meyer 1980: 117ff.).

Vor diesem Hintergrund ist im *World-Society*-Ansatz die Frage, ob der Nationalstaat verschwindet oder nicht, gewissermaßen widersinnig. Hier wird vielmehr untersucht, welche Funktionen der Nationalstaat für die Generierung und Implementierung weltweiter Normen übernimmt, d.h., welcher Funktionswandel des Nationalstaates in der globalen Dynamik zu identifizieren ist. Yasemin Soysal (1996) spricht in diesem Zusammenhang von der *Ent-Charismatisierung* des Nationalstaates. Die Forschungsgruppe um Meyer kommt zu dem Ergebnis, daß Normen und Regeln des globalen Systems – wie z.B. Konzepte von Fortschritt, Recht, Bildung, Entwicklung – über internationale Organisationen und Regime institutionalisiert werden und den Handlungsradius von Nationalstaaten darstellen. Weltweite Normen bieten über Menschenrechte, wohlfahrtsstaatliche Verpflichtungen und (Staats-)Bürgerschaft in dieser Perspektive den Bezugsrahmen für die lokale Agenda von Nationalstaaten, sozialen Bewegungen, Professionen und individuellen Akteuren.

Erstes Zwischenergebnis

Im Unterschied zu einer Perspektive, die Nationalstaaten aus ihrer partikularen Geschichte rekonstruiert, argumentieren Meyer et al., daß »nation-states [are] more or less exogenously constructed entities« sind (Meyer et al. 1997: 150). Nationalstaaten sind in diesem Erklärungsrahmen Segmente der Weltgesellschaft, die einerseits durch globale Entwicklungen allererst konstituiert werden und zum anderen selbst globale Normen institutionalisieren (vgl. Meyer 1987; Strang 1990). Mit ihrem institutionalistischen und makrosoziologischen Ansatz postulieren Meyer und sein Team, daß kulturelle Konzepte auf der weltgesellschaftlichen Ebene für die Bildung und Ausweitung nationaler Institutionen, wie etwa Bildungs-, Wissenschafts- und Wohlfahrtspolitik konstitutiv sind. Globale Diskurse legitimieren in dieser Sicht Schemata für individuelles und kollektives Handeln (Meyer et al. 1997).

Die spezifisch soziologische Perspektive des *World-Society*-Konzepts liegt in dessen Bezug auf die mittlere, die Mesoebene der Organisation und auf die Makroebene weltgesellschaftlicher Differenzierung. Damit besteht die soziologische Fragestellung darin, wie auf weltweiter Ebene soziale Ordnung möglich ist und erfolgreich reproduziert wird. Diesen gemeinsamen Untersuchungsgegenstand teilt das Team aus Stanford mit der Forschungsgruppe von Heintz in Zürich – und zwar, obwohl in beiden Ansätzen unterschiedliche theoretische Schwerpunkte gesetzt werden, bei Heintz der strukturtheoretische Zugriff und bei Meyer der akteurzentrierte Institutionalismus. Beide Ansätze fassen die Weltgesellschaft als eine Interaktionsebene auf, die andere Dimensionen der Sozialorganisation bestimmt und als Orientierungshorizont für individuelle und kollektive Akteure dient. Beide Ansätze arbeiten mit dem Konzept institutionalisierter Werte und Legitimität. Sie behaupten einen globalen Bezugshorizont institutionalisierter Werte, d.h., sie gehen von Werten aus, die legitimiert werden und die die Zurechnung und den

Referenzrahmen für eine weltgesellschaftliche Kultur darstellen.

Heintz und Meyer postulieren indes keine homogene Weltkultur im Sinne der Möglichkeit von Sozialintegration auf weltweiter Ebene: »There is no common culture to span the economic disparities at the world level. On the contrary, such disparities may be perceived more clearly at this level than at the national or local levels« (Heintz 1982c: 14). Gleichwohl sprechen sie beide von Weltkultur und verbinden damit jeweils eine unterschiedliche Auffassung. Bei Meyer stützt sich der Kulturbegriff auf ein kognitives Konzept: »Not norms and values but taken-for-granted scripts, rules and classifications are the stuff of which institutions are made« (Powell/DiMaggio 1991a: 15, vgl. 26ff. und Jepperson 1991). Der Vollzug institutioneller Muster beruht in dieser konstruktivistischen Sicht nicht auf normativer Orientierung, also Internalisierung im Sinne von Parsons (1985) oder anderen anthropologischen Vorstellungen (Schelsky 1970), sondern auf Imitation und Handlungsroutinen. Das neo-institutionalistische Konzept postuliert einen Wechsel »from commitment to ethnomethodological trust [...], from norms to scripts and schemas, from values to accounts [...] from roles to routines« (Powell/DiMaggio 1991a: 26f.). Im Vordergrund steht daher auch nicht die Frage nach Integration, sondern die nach dem erfolgreichen sozialen Vollzug und der Reproduktion sozialer Ordnung.

Demgegenüber benutzt Heintz ein Konzept, das in der Vorstellung von Werten an Weber, Parsons und Merton orientiert ist. Institutionalisierte Werte sind in gesellschaftlichen Institutionen verkörpert und sind somit legitimierte Werte. Institutionalisierte Werte werden bei Heintz im Hinblick auf ihre Zugänglichkeit konzipiert, d. h., er verbindet institutionalisierte Werte mit Fragen der Verteilung. Da Heintz sich in seinem strukturorientierten Ansatz mit Spannungsinduktionen und Spannungstransfers in sozialen Systemen befaßt, spielen Fragen von Legitimation, Statuspositionen, Macht und Prestige eine wichtige Rolle. Meyer et al. interessieren sich hingegen vor allem für die Mechanismen der Konstituierung und Verbreitung weltgesellschaftlicher Modelle in der institutionalistischen Perspektive auf kollektive Akteure. Während Heintz die verschiedenen Ebenen der Sozialorganisation vom individuellen Akteur bis zur Weltgesellschaft konzipiert, ist die Ebene der individuellen Akteure in den *World-Society*-Studien nicht relevant, kann aber ohne Probleme eingebaut werden. Im Unterschied dazu sieht Luhmanns Systemtheorie Werte, Legitimität, Akteure oder Institutionen gar nicht vor (Luhmann 1970c). Soziale Systeme sind für ihre Anschlußfähigkeit auf Kommunikation, nicht aber auf Werte und Legitimation angewiesen. Schon hier deutet sich der entscheidende Unterschied zwischen Luhmann, Heintz und Meyer an. Mit Luhmanns Konzept der Weltgesellschaft wechseln wir in ein anderes theoretisches Universum.

Die Weltgesellschaft in der Bielefelder Systemtheorie: Niklas Luhmann

»Eine Theorie der Gesellschaft bleibt als Bezugsrahmen der funktionalen und strukturellen Bestimmung der Differenzierung sozialer Systeme unentbehrlich [...]. Sie kann heute nur, so viel ist zu sehen, eine Theorie der Weltgesellschaft sein und muß ihren Begriff der Gesellschaftsgrenze entsprechend abstrakt [...] ansetzen« (Luhmann 1971: 61).

Luhmann spricht von zwei Seiten eines Weltgesellschaftsbegriffs. »Einerseits heißt dies, daß es auf dem Erdball und sogar in der gesamten kommunikativ erreichbaren Welt nur eine Gesellschaft geben kann. Das ist die strukturelle und die operative Seite des Begriffs. Zugleich soll der Ausdruck ›Weltgesellschaft‹ aber auch sagen, daß jede Gesellschaft (und im Rückblick gesehen: auch die Gesellschaften der Tradition) eine Welt konstruiert und das Paradox des Weltbeobachters dadurch auflöst. Die dafür in Frage kommende Semantik muß plausibel sein und zu den Strukturen des Gesellschaftssystems passen« (Luhmann 1997: 156; vgl. Luhmann 1990). Diese Einführung beschäftigt sich nicht mit dem Korrelat von Weltgesellschaft und Welt, sondern behandelt nur die eine Seite von Luhmanns Weltgesellschaftsbegriff und läßt die andere außer acht.

Für Luhmann stellt die Weltgesellschaft das Feld weltweiter Kommunikation dar. Dieser Gesellschaftstyp konstituiert anders als alle älteren Gesellschaften nicht mehr nur eine projektive, »sondern eine reale Einheit des Welthorizonts für alle« (ebd.: 55). Denn Weltgesellschaft manifestiert sich nicht in der Vermehrung der Kontakte trotz räumlicher Entfernung, sondern darin, »daß in jeder Interaktion ein ›Und so weiter‹ anderer Kontakte der Partner konstituiert wird mit Möglichkeiten, die auf weltweite Verflechtungen hinauslaufen *und sie in die Interaktionssteuerung einbeziehen*« (ebd.: 54). Nach diesem Verständnis handelt es sich also nicht bereits dann um Weltgesellschaft, wenn Akteure aufgrund technologischer Infrastrukturen räumliche Entfernungen überbrücken können. Die notwendige Bedingung für Weltgesellschaft ist nach Luhmann erst dadurch gegeben, daß jede Kommunikation weitere Anschlüsse ermöglicht und somit sozial relevant wird. Hierin ist der Gedanke der Verflechtung und Interdependenz enthalten, der gegenwärtig vor allem unter netzwerktheoretischen Gesichtspunkten diskutiert wird (vgl. Stichweh 1999a, 1999b). In diesem Sinne postuliert Luhmann, daß in der modernen Gesellschaft anders als in älteren Gesellschaften das »Phänomen eines faktisch vereinheitlichten Welthorizonts« existiert (Luhmann 1971: 54).

Anders als bei Heintz und Meyer ist Luhmanns Konzept der Weltgesellschaft ein Element seiner Systemtheorie, d. h., dieser Begriff verweist auf andere Bausteine seiner Theorie und wird erst unter Bezugnahme auf diese für uns verständlich. Während Heintz und Meyer sozusagen »im Hubschrauber« ihre soziologischen Ausflüge unternehmen, befindet sich Luhmann, so gesehen, über den Wolken. Sein Konzept der Weltgesellschaft hat den höchsten Grad der Abstraktion und Generalisierung. Somit ist es notwendig, sich zunächst einmal Einlaß in den Theoriehimmel zu verschaffen, ohne alle Räume zu betreten und aus jedem Fenster zu schauen. Allgemeine Einführungen haben andere vorgelegt (Kneer/ Nassehi 1993; Horster 1997), aber schließlich ist es Luhmann selbst, der sich in seinen Texten am besten vertritt.

Im Unterschied zu anderen Weltgesellschaftskonzepten präsentiert Luhmann einen theoretisch ausgearbeiteten Gesellschaftsbegriff. Doch was wüßten wir ohne die Forschungsarbeiten von Heintz und Meyer über die Funktionsweise und Operation von globalen Akteuren wie von sozialen Bewegungen und Nationalstaaten, Nicht-Regierungsorganisationen und Regimen? Was wüßten wir über weltweite Dynamiken? Luhmann hat seine Überlegungen zur Weltgesellschaft früh und in erstaunlicher theoretischer Klarheit dargelegt. Sie fallen in die siebziger Jahre, als er das Bezugsproblem der Soziologie und die Grundbegriffe der Systemtheorie ausarbeitete. Ausgangspunkt seiner Fragestellung ist die Weltkomplexität, die immer nur als Ausschnitt zur Ansicht kommt. Systeme bilden sich dadurch, daß sie sich von der Umwelt abgrenzen und auf diese Weise den Zweck der Komplexitätsreduktion erfüllen. Mit dieser Sicht formuliert Luhmann eine andere Problemstellung als etwa Heintz. Während Heintz nach Asymmetrie und Spannungen in sozialen Systemen fragt, beschäftigt Luhmann die Frage, wie trotz der Unübersichtlichkeit und Komplexität der Welt soziale Ordnung überhaupt möglich ist und durch welche Leistungen sie hergestellt wird. Er kommt dabei zu dem Schluß, daß die Funktion der Systembildung »in der Erfassung und Reduktion von Weltkomplexität« (Luhmann 1970a: 75) besteht. In diesem Zusammenhang bestimmt Luhmann das Bezugsproblem der Gesellschaft, daß es als umfassendes soziales System soziale Komplexität konstituiert und reduziert. Für die Soziologie hat Luhmann seitdem festgehalten, »daß die Komplexität der Welt nur erfaßbar ist, wenn sie auch reduziert werden kann« (ebd.: 86).

In dieser Sicht zeichnet sich bereits ab, daß der theoretische Rahmen von Luhmanns Soziologie weiter gespannt ist als in den beiden anderen Konzepten. Meyer hat keine gesellschaftstheoretischen Absichten. Er interessiert sich für die Verbreitung kognitiver Muster und institutioneller Mechanismen und bezieht sich vor allem auf die Mesoebene der Organisation. Luhmann verfolgt indes das Programm einer Theorie der Gesellschaft, ein Projekt mit einer *Laufzeit* von dreißig Jahren (Luhmann 1997: 11). Die Ausarbeitung seiner systemtheoretischen Grundbegriffe mündet in die »Formulierung einer fachuniversalen Theorie« (Luhmann 1984: 10), also in den Anspruch, mit dieser Theorie alles Soziale erfassen zu wollen und nicht nur dessen Teilaspekte. Als Einleitung dazu erschienen 1984 die *Sozialen Systeme* und mit den zwei Bänden *Die Gesellschaft der Gesellschaft* legte er seine Gesellschaftstheorie komplett vor (Luhmann 1997).

Luhmanns grundlegende Überlegungen zur Weltgesellschaft fallen also in die Phase vor der *autopoietischen* Wende. Mit dieser Wende erfaßt Luhmann soziale Systeme nun als selbstreferentielle und sich selbst erzeugende Systeme, die nicht mehr umweltoffen, sondern umweltgeschlossen sind (vgl. Luhmann 1984). Die Wende hat insofern Folgen für den Weltgesellschaftsbegriff, als dieser seitdem noch weiter zugespitzt und ausgefeilt wird. Allerdings ist dies nicht mit neuen Akzentsetzungen für die Grundanlage des Begriffs verbunden, weder in bezug auf seinen systematischen Status im Gesamtgebäude der Theorie noch in Hinsicht auf seine theoretischen Implikationen.

Luhmann geht seit Beginn der siebziger Jahre zum klassischen Gesellschaftsbegriff der Soziologie auf Distanz. Moderne Gesellschaft gibt es für ihn nur noch im Singular, nämlich als Weltgesellschaft. Anders formuliert: Alles, was Kommunikation ist, ist Gesellschaft, also fallen Kommunikationsgrenzen und Gesellschaftsgrenzen zusammen. Von diesem Begriff der modernen Gesellschaft grenzt er den der alteuropäischen Gesellschaft ab. Im ersten Schritt werden wir diese Unterscheidung erläutern, denn sie verweist auf den theoretischen Kontext des Gesellschaftsbegriffs bei Luhmann, und es ist dieser Untersuchungsrahmen, in dem Weltgesellschaft zum Gegenstand wird.

Alteuropäische und moderne Gesellschaft

»Es könnte sein, daß wir die neu entstandene Weltgesellschaft nicht wahrnehmen und deshalb auch nicht realisieren, weil wir sie unter falschen Kategorien, etwa unter der Idee des Weltreichs, erwartet haben« (Luhmann 1971: 53).

»Aber Weltgesellschaft ist ein evolutionär völlig neuartiges Phänomen. Die Erfolgsaussichten einer solchen Systembildung sind mit den vorhandenen Denkmitteln nicht abzuschätzen, und sie liegen vermutlich nicht in der Blickbahn« (ebd.: 57).

Luhmann schloß 1971 seinen Aufsatz zur Weltgesellschaft mit der Aufforderung an die Soziologie, alte Denkschemata über Bord zu werfen. Die Soziologie könne sich »von den letzten Bindungen an das begriffliche Instrumentarium der alteuropäischen Tradition freimachen und der Tatsache unbefangen gegenübertreten, daß eine Weltgesellschaft sich konstituiert hat, ohne sich auf politische und normative Integration zu stützen« (ebd.: 66). Die Entwicklung des Weltgesellschaftsbegriffs markiert für Luhmann also eine Schwelle, die uns von einem traditionellen Gesellschaftsmodell trennt. Bei der Weltgesellschaft handelt es sich um eine Gesellschaft, die nicht politisch integriert ist. Sie bildet keine territoriale Einheit, die nach den klassischen Vorstellungen (Weber 1972) aus Staatsgebiet, Staatsvolk und Staatsgewalt besteht und darüber kollektiv bindende Entscheidungen auf Dauer stellen kann.

Die Weltgesellschaft ist aber auch kein soziales Gebilde, das über eine gemeinsame Geschichte, über gemeinsame Normen und Werte ihre Teile in ein kulturelles Ganzes integriert. Die begriffliche Basis hierfür muß allerdings erst formuliert werden. Davor »scheitert das alteuropäische Gesellschaftsmodell. Es ist schon als Theorie der modernen Gesellschaft zu einfach und versagt erst recht, wenn man diese Gesellschaft als Weltgesellschaft zu konzipieren versucht« (Luhmann 1971: 53). Neue Schlösser sind also nicht mit alten Schlüsseln zu öffnen. Was sind dann die alten Schlösser und wie sehen die neuen aus?

Nach Luhmann reicht der Gesellschaftsbegriff der alteuropäischen Tradition bis in die Antike zurück (vgl. 1970b, 1971, 1975, 1984, 1997). Mit der *polis* entsteht erstmals die Form einer sozialen Organisation, in der Institutionen, politische Ämter und Verfahren eines Gemeinwesens aus eigenem, menschlichem, nicht aus vermeintlich göttlichem Antrieb geschaffen werden. Die griechische Philosophie entwirft das Konzept der *koinonía* (lat. *communitas, civitas*) als Vorstellung vom Zusammenleben in einem Gemeinwesen. Nach diesem Konzept faßt die politische Gesellschaft der Stadt die verschiedenen Einheiten des Gemeinwesens zusammen. In moderner Terminologie wird das politische System somit zum umfassenden Sozialsystem, d.h., die *polis* wird zum Ausdruck und repräsentativen Träger eines Ganzen. Luhmann geht davon aus, daß diese Vorstellung von der Gesellschaft als letzte unhintergehbare Einheit sozialer Ordnung den Ausgang und die Referenz für die Gesellschaftskonzeptionen in Europa bis zur Frühen Neuzeit darstelle. Die Selbstbeschreibung variiere dabei selbstverständlich erheblich. So werde im Mittelalter eine Verknüpfung antikpolitischer und christlich-religiöser Gesellschaftskonzeptionen vorgenommen. In der Frühen Neuzeit stehe dann angesichts konfessioneller Bürgerkriege und der Herausbildung der Staatsraison die Politik im Mittelpunkt; im 19. Jahrhundert müsse sie der Wirtschaft den Platz räumen.

Kennzeichnend für die Kontinuität in der Entwicklung des Gesellschaftsbegriffs ist das Schema einer hierarchischen Ordnung und eines autarken Systems: »Daran hing [...] die Auffassung der Gesellschaft als einer internen Ordnung des Verhältnisses der Teile zueinander und zum Ganzen, die hierarchische Konzeption dieser Innenordnung und die Möglichkeit, einem Teil den hierarchischen Primat und damit die Repräsentation des Ganzen zuzusprechen« (Luhmann 1970b: 143). Das alte Schloß wäre also eine Gesellschaft, die durch Einheit und Koordination bestimmt sei, eine Gesellschaft, die nach Rangunterschieden funktioniere und deren ungleiche Teile in der Hierarchie auf ein Zentrum, z. B. ein religiöses Deutungssystem oder eine politische Spitze, zugerechnet werde.

Luhmann bestimmte Gesellschaften nach einer Differenzierungsform, die für deren Sozialstruktur primäre Bedeutung hat (vgl. Luhmann 1997: Kap. IV). Die alteuropäische Gesellschaft ist primär stratifikatorisch differenziert, nämlich in ungleichartige und ungleichrangige Teile. Diese Differenzierungsform entwickelt sich in hochkulturellen, vornehmlich in Adelsgesellschaften, in Form von Ober- und Unterschichten. Für diesen Gesellschaftstypus ist eine soziale Ordnung ohne Rangdifferenzierung unvorstellbar (ebd.: 679).

Mit diesem Schema als Schlüssel läßt sich in der modernen Gesellschaft nur schwer nach Normen und Werten, nach einer personalen oder sachlichen Mitte suchen. Und Luhmann zufolge sind sie mit den alten Schlüsseln auch nicht auffindbar. Die moderne Gesellschaft ist »nicht mehr als Einheit eines Zwecks oder einer letzten Instanz zu begreifen« (Luhmann 1970b: 149). Die funktional spezialisierten Teilsysteme sind zu verschiedenartig und einseitig, als daß sie noch als gleiche Teile, sozusagen als Kopien des Gesamtsystems aufgefaßt werden könnten. Durch ihre Eigenlogik – die Wirtschaft, die an Zahlungsfähigkeit anschließt, die Politik, die an Macht anschließt – werden die »Möglichkeitshorizonte der Teilsysteme immens erweitert und inkompatibel« (Luhmann 1971: 60).

Im Unterschied zur alteuropäischen Gesellschaft ist die moderne Gesellschaft durch die primäre Form der funktionalen Differenzierung bestimmt, nämlich durch die funktionale Ungleichheit strukturell gleicher Teile: Die gesellschaftlichen Teilsysteme erfüllen universal unterschiedliche Funktionen, sie beziehen sich auf sich selbst und können sich gegenseitig nicht ersetzen. Sie sind aber strukturell in dem

Sinne gleich, daß jedes von ihnen einen Funktionsbezug hat. Diese Gesellschaft beschreibt sich im Unterschied zur stratifikatorischen über Gleichheit, nicht über Hierarchie. Die Vorstellung der Institutionalisierung »einheitlicher Gesellschaftsgrenzen für alle Teilsysteme« wird hier daher problematisch, denn die Teilbereiche erfordern aufgrund ihrer unterschiedlichen Funktionsspezialisierung »jeweils andere Grenzen nicht nur für sich selbst, sondern auch für die Gesellschaft« (ebd.).

Auf diese Weise bleiben auch für Akteure die gesellschaftlichen Grenzen nicht dieselben, sondern ändern sich mit dem Wechsel von einem Funktionssystem zum anderen, ob man etwa ein Auto kauft, Patientin im Gesundheitssystem ist oder einen Gottesdienst besucht. Bezogen auf das Gesellschaftssystem bedeutet dies, daß räumliche Differenzierungen zunehmend weniger soziale Differenzierungen symbolisieren. In der modernen Gesellschaft handelt es sich um Unterschiede, »die insgesamt nicht mehr durch einheitliche territoriale Grenzen auf dem Erdball symbolisiert werden können. Damit ist die Einheit einer alle Funktionen umfassenden Gesellschaft nur noch in der Form der Weltgesellschaft möglich« (ebd.: 60). Denn jetzt stellt die Weltgesellschaft, nicht aber eine regionale Gesellschaft, den Rahmen für die Binnendifferenzierung dar. Diese Gesellschaft wird durch keine Gesamtvorstellung über das gute Leben oder das richtige Wirtschaften zusammengehalten, und sie ist auch nicht einem Zentrum religiöser oder politischer Art zuzurechnen.

Dies ist der Untersuchungskontext, in dem Luhmann eine neue analytische Basis vorschlug. Er entwickelte einen Gesellschaftsbegriff, der so abstrakt sein mußte, daß er die zunehmende Differenzierung und Möglichkeitssteigerung der Funktionssysteme, ihre Ablösung aus sozialen Zuweisungen, erfaßt. In diesem Licht wird die Annahme des territorialen Gesellschaftsbegriffs fragwürdig, wonach nämlich der Raum das »primäre Differenzierungsschema sozialer Realität und damit Grenzprinzip der Gesellschaftsbildung sein kann« (ebd.: 61). Luhmann behauptete vielmehr – und er hat dieses Argument immer weiter ausgefeilt –, daß die funktionale Differenzierung als primäre Differenzierungsform der modernen Gesellschaft gegenüber räumlichen Grenzen indifferent ist. Der Geldverkehr und die Zahlungen machen an nationalen Grenzen nicht halt. Diesen Mechanismus untersuchte Georg Simmel zwar bereits in seiner Philosophie des Geldes, als er zeigte, wie das Medium des Geldes soziale Beziehungen verändert und umformt (Simmel 1900/1989). Luhmanns Argument ist indes viel weitreichender und grundlegender. Es ist die Eigenlogik und die Dynamik *aller* gesellschaftlichen Teilsysteme, so seine Überlegung, die räumliche Grenzen unterläuft und die Bedeutung nationaler Grenzen als Symbolisierung von Gesellschaftsgrenzen damit sukzessive auflöst. So gesehen, läßt sich die Weltgesellschaft »nur noch aus den Funktionen, Erfordernissen und Konsequenzen funktionaler Differenzierung selbst« (Luhmann 1971: 63f.) begreifen.

Luhmann grenzte den Gesellschaftsbegriff der alteuropäischen Tradition also von dem modernen ab, indem er mit dem Übergang zur funktionalen Differenzierungsform argumentiert. Dieser Übergang stellte für ihn einen grundlegenden Wechsel der Sozialstruktur dar. Denn funktionale Differenzierung beruhe auf der »operativen Schließung der Funktionssysteme unter Einschluß von Selbstreferenz« (Luhmann 1997: 745) und betone somit die Ungleichheit der Teilsysteme: »Aber in dieser Ungleichheit sind sie gleich« (ebd.: 746).

Am Beispiel der modernen Wissenschaft soll gezeigt werden, was hier unter Funktionsprimat, Selbstbezüglichkeit und Nichtersetzbarkeit zu verstehen ist (vgl. Stichweh 1984, 1991). Im 17. und 18. Jahrhundert löst sich die Wissenschaft aus einer nicht-wissenschaftlichen Umwelt, dem Handwerks- und Haushaltssystem, und postuliert einen eigenen Wissenstypus, den sie gegenüber Politik, Recht, Wirtschaft autonom zu bestimmen beansprucht. Die wissenschaftlichen Akademien, deren Mitglieder ein internationales Netz der Kommunikation knüpften, bilden einen Motor für die Ausdifferenzierung der Wissenschaft. In ihrem Rahmen etabliert sich die Kompetenz wissenschaftlicher Expertise und die Rolle des wissenschaftlichen Fachmanns. Im 19. Jahrhundert nimmt die Selbstreferenz der Wissenschaft über drei Komponenten rasant zu: durch die interne Differenzierung der Wissenschaft in Disziplinen, durch die Fachpublikationen als Anerkennungszusammenhang wissenschaftlicher Leistungen, durch die Universität als Forschungsstätte und als Monopolinstitution der professionellen Ausbildung. In der Zuständigkeit der Wissenschaft, d.h. der jeweiligen Disziplin, für die Qualität ihrer Ergebnisse liegt die Autonomie. Aufsätze für wissenschaftliche Fachzeitschriften werden von Vertretern und Vertreterinnen aus dem entsprechenden disziplinären Gebiet, nicht aber aus Politik, Wirtschaft oder Tourismus begutachtet. Die Operationsweise des Wissenschaftssystems, der eigene Code und die jeweilige Programmstruktur, haben in der systemtheoretischen Sicht einen Grad der Selbstreferenz erreicht, daß sie in der Perspektive anderer Funktionssysteme nicht verstanden werden, daß also ein Anschluß an die übrige gesellschaftliche Kommunikation nicht unmittelbar möglich ist. Vertreter und Vertreterinnen aus disziplinfremden Gebieten wären nicht einmal dazu in der Lage, den zu begutachtenden Beitrag zu verstehen. Für diese Sozialstruktur ist daher in Luhmanns Sicht nicht mehr ein Gesellschaftsbegriff adäquat, der eine Gesamtvorstellung vom Ganzen und seiner Teile hat.

Im Zuge der *autopoietischen* Wende wurde der Aspekt der systeminternen Operation für Luhmann theoretisch immer relevanter: In der modernen Gesellschaft rekonstruiere danach »*jedes Teil*system das umfassende System, dem es angehört und das es mitvollzieht, durch eine *eigene* (teilsystemische) *Differenz von System und Umwelt*. Durch Systemdifferenzierung multipliziert sich gewissermaßen das System in sich selbst durch immer neue Unterscheidungen von Systemen und Umwelten von Systemen« (Luhmann 1997: 598). Das System baue sich nicht nur selbst auf, es erhalte sich auch durch seine eigene Operationsweise, die es von anderen Systemen unterscheide. Unter dem Aufbau von Systemen habe man sich etwa nicht die Wiederholung des Gleichen vorzustellen, also nicht die Funktionsweise einer *trivialen Maschine*, die nur das reproduziert, was in sie eingegeben worden ist. Das Konzept der autopoietischen Systeme behauptet daher eine reflexive Produktion und somit eine schöpferische Eigenleistung des Systems. Der basale Prozeß sozialer Systeme, die sinnverarbeitende Systeme sind, besteht aus Kommunikation; ihre Grundunterscheidung, die sie treffen, ist die zwischen System und Umwelt.

Luhmann ersetzte also die alten Schlüssel ›Teil und Ganzes‹ durch das neue Begriffspaar ›System und Umwelt‹, und das ›Subjekt‹, das seinen Handlungen einen Sinn unterlegt, durch das Konzept des selbstreferentiellen Systems, das sich aus seinen eigenen Elementen erzeugt und erhält. Die moderne Gesellschaft ist daher das umfassende soziale System, weil sie alle anderen sozialen Systeme und damit alle Kommunikationen in sich einschließt. Vor diesem Hintergrund bezeichnete Luhmann die Gesellschaft gewissermaßen als »Ökosystem« (Luhmann 1984: 589) aller weiteren sozialen Systeme.

Entgegen der alteuropäischen Figur dachte Luhmann die Gesellschaft als umfassendes System der Kommunikation. Er hatte zwar die Idee eines hierarchischen und koordinierten Ganzen verabschiedet, nicht aber das Postulat von Gesellschaft als Bezugssystem. Eine normative Integration der Gesellschaft über leitende Kulturwerte in der Tradition Parsons' ist für ihn nicht mehr denkbar, denn diese Vorstellung berücksichtigt die Zunahme gesellschaftlicher Kontingenz nicht ausreichend. Gesellschaft stellt für ihn die Letzteinheit des Sozialen dar, das sich durch die Operationsweise der Kommunikation reproduziert. Gesellschaft ist somit nicht mehr als integriertes Ganzes aufzufassen, das z.B. von der Politik oder der Wirtschaft regiert wird. In Luhmanns Worten liegt die Funktion der Gesellschaft dann darin, daß sie »soziale Komplexität regelt – das heißt den Horizont des Möglichen und Erwartbaren definiert und letzte grundlegende Reduktionen einrichtet« (Luhmann 1970b: 145).

Dieser besondere Status des Gesellschaftsbegriffs in der Systemtheorie Luhmanns wird über einen weiteren Baustein verständlich. Luhmann konzipierte unterschiedliche Typen sozialer Systembildung, nämlich Interaktion, Organisation und Gesellschaft (vgl. Luhmann 1975). Der entscheidende Gedanke hierbei ist, daß diese Systeme irreduzibel sind, d.h., sie bauen nicht aufeinander auf und sind nicht aufeinander reduzierbar. Der Systemtyp der Interaktion bildet sich unter einander wechselseitig Wahrnehmenden, er wird daher durch Anwesenheit, Themenbildung und den Zeitaspekt begrenzt. »Interaktionen sind Episoden des Gesellschaftsvollzugs« (Luhmann 1984: 553), denn sie setzen Gesellschaft schon immer voraus und können selbst nicht auf Dauer gestellt werden. Nur unter der Bedingung, daß es vorher Kommunikation gegeben hat, und daß es sie anschließend wieder geben wird, können sich Interaktionen bilden. Nach dieser Definition kann Gesellschaft also nicht die Summe von Interaktionen darstellen. Gesellschaft ist vielmehr »*das umfassende Sozialsystem aller kommunikativ füreinander er-*

reichbaren Handlungen« (Luhmann 1975: 11), ein Systemtyp höherer Ordnung, der unabhängig von den Grenzbildungsprozessen der anderen Systemtypen ist. Zwischen die sehr enge Grenzziehung von Interaktion und die weite Grenzziehung von Gesellschaft schiebt sich die Organisation, die über formale Verhaltenserwartungen (Mitgliedschaft) bestimmt ist. Gesellschaft ist demgegenüber »das umfassende Sozialsystem, das alles Soziale in sich schließt und infolgedessen keine soziale Umwelt kennt« (Luhmann 1984: 555).

Der Staat im politischen System der Weltgesellschaft

Für Luhmann bildet sich Weltgesellschaft über funktionale Differenzierung, die Systembildung der Organisation und über Verbreitungsmedien. Parallel zur kolonialen Expansion der westlich-atlantischen Gesellschaft kommt es mit der Erfindung des Buchdrucks zu einer »enormen Vermehrung und Verdichtung des Kommunikationsnetzes der Gesellschaft« (Luhmann 1997: 151). Im 19. Jahrhundert folgt der Ausbau von Verkehrswegen und ersten Kommunikationstechnologien (Telegrafie und Telefon) zur Verkürzung von Distanzen in Raum und Zeit. Durch die Zeitzoneneinteilung des Erdballs wird bereits im 19. Jahrhundert die »Gleichzeitigkeit allen Weltgeschehens« (ebd.: 152) möglich. Die Kommunikations- und die computerverarbeitenden Technologien in der zweiten Hälfte des 20. Jahrhunderts faßt Luhmann vor diesem Hintergrund als tiefen Einschnitt auf. Denn sie »bagatellisieren« den Standort der Beobachtung und verändern das Raumerlebnis insofern grundlegend, als sie dieses »vom Platzbezug auf Bewegungsbezug« umstellen (ebd.). »Die moderne Gesellschaft«, so lautet Luhmanns Schlußfolgerung, »regelt ihre eigene Ausdehnung« (ebd.: 157).

Wie läßt sich mit diesem Weltgesellschaftskonzept der Nationalstaat, eine Ordnungsgröße des politischen Systems, erklären? Luhmann hat in einem jüngeren Beitrag seine Überlegungen zu dieser Frage dargelegt. Er reagiert in diesem Zusammenhang auch auf die Konzepte *World Society*, *World System* und *Globalisierung*. Zugleich wird damit die Frage der Bedeutung des Nationalstaates aufgegriffen. Wie bereits erläutert, basiert Luhmanns Gesellschaftsbegriff auf der funktionalen Differenzierung als primäre Differenzierungsform der modernen gegenwärtigen Gesellschaft. Andere Formen der Differenzierung verschwinden zwar nicht, sie koexistieren, doch sie sind für die Sozialstruktur nicht prägend. Der Nationalstaat ist hierfür ein aufschlußreiches, ein häufig und kontrovers diskutiertes Beispiel. Für Luhmann stellt sich die Frage, ob die weltweite Politik die »ohnehin artifizielle Einheit des klassischen Nationalstaates zu untergraben droht« (Luhmann 1998: 373). Warum spielen in der Weltgesellschaft Staaten überhaupt (noch) eine Rolle?

In seinem ersten Beitrag zur Weltgesellschaft machte Luhmann den Vorschlag, sich von dem alteuropäischen Gesellschaftsmodell und seinen ganzheits- und raumbezogenen Vorstellungen zu lösen, um die moderne Gesellschaft adäquat beschreiben zu können. Nahezu dreißig Jahre später kann ein weltweites Kommunikationssystem zwar nicht mehr bestritten werden. Im Gegenteil, die neuen Kommunikationstechnologien prägen den Alltag und dadurch »werden alle raumbezogenen Zentralismen transzendierbar« (ebd.: 374). Doch die Soziologie, notiert Luhmann, spricht vom *global system* und ›verweigert‹ dem weltweiten Kommunikationssystem immer noch den Titel ›Gesellschaft‹. Das hat in seiner Sicht vor allem damit zu tun, daß der Gesellschaftsbegriff weiterhin mit dem des Nationalstaates verbunden wird. Das Festhalten an dieser Verknüpfung ist indes kontrafaktisch, denn, so gibt Luhmann – mit Verweis auf Arbeiten von Meyer und seiner Forschungsgruppe – zu bedenken, die Abhängigkeit der Staaten vom politischen System der Weltgesellschaft nimmt zu, und der Begriff der Souveränität verliert seine Funktion.

Gleichwohl leistet die Soziologie weiter Widerstand. Die Konzepte des *global systems* oder des *internationalen Systems* stützen sich nach Luhmann beide auf einen raumbezogenen Gesellschaftsbegriff und auf die Vorstellung, daß Gesellschaft aus Menschen bestehe. Für ihn sind diese Begriffe »theoretisch nicht mehr satisfaktionsfähig« (Luhmann 1997: 31); sie erweisen sich vielmehr als Erkenntnisblockaden. Die menschheitsbezogene Annahme schließt zu viel, die raumbezogene zu wenig in ihre Begriffskonstruktion ein. Insbesondere mit dem Konzept des *global systems*, so Luhmann, reagiert man in der Soziologie auf faktische Tendenzen der Globalisierung, um dann allerdings »den Begriff der Gesellschaft auf nationalstaatlicher Ebene zurücklassen zu können« (ebd.: 32).

Luhmann konzipiert die Politik auf der Weltgesellschaftsebene. Das weltpolitische System ist, wie auch die Weltwirtschaft, Weltwissenschaft, Weltmedien oder weltweite Familienbeziehungen, auf der Basis von Funktionsdifferenzierung (als primäre Form der Differenzierung) ein Subsystem des Gesellschaftssystems. Intern differenziert sich das weltpolitische System segmentär (als Zweitdifferenzierung) in Territorialstaaten, d.h. in gleichartige und gleichrangige Teile. Seine Argumente für die Weltgesellschaft, darauf weist Luhmann hin, ähneln ironischerweise denen, die traditionell gegen einen ›Weltstaat‹ vorgebracht werden. Er behauptet nämlich, daß regionale und kulturelle Unterschiede zu groß sind, als daß die gesamte Welt von einem Weltstaat regiert und kontrolliert werden könnte. In der segmentären Zweitdifferenzierung über Nationalstaaten sieht er daher einen Leistungszuwachs, d.h. eine Optimierung der Politikfunktion. Demokratische Konsenssuche etwa ließe sich im Mehrheit/Minderheiten-Schema nicht im Rahmen des weltpolitischen Systems steigern und verbessern, wohl aber in der Form segmentärer Differenzierung. So unterscheiden sich Staaten z.B. dahingehend, wie sie Demokratie realisieren oder wie sie mit bestimmten Verfahren experimentieren (vgl. Luhmann 1998: 376). Auf der Grundlage dieser segmentären Differenzierung setzen sich dann, so das weitere Argument, weltweite Trends durch wie beispielsweise die Einbeziehung der Gesamtbevölkerung in das Hoheitsgebiet des Staates, wohlfahrtsstaatliche Verpflichtungen, Rechtsnormen.

Für den Systemtheoretiker scheint ein anderer Gesichtspunkt indes noch wichtiger. Durch die segmentäre Differenzierung wird Luhmann zufolge die Wahrscheinlichkeit verringert, »daß andere Funktionssysteme ›politisiert‹ werden« (ebd.). Die Teilung des weltpolitischen Systems entlastet die übrigen Teilsysteme davon, durch ›Politisierung‹ in ihrer Eigendynamik gestört zu werden. Diesem Argument liegt der folgende Gedanke zugrunde: Aufgrund weltweiter Interdependenzen werden regionale Unterschiede allererst erzeugt etwa in dem Ausmaß, in dem ein bestimmtes Land Grundlagenforschung durchführen kann, Religionsfreiheit akzeptieren will oder Menschenrechte respektiert. Die Tatsache, daß diese Einflüsse auf staatlich kontrollierte Einheiten stattfinden, heißt eben auch, »daß sich in den entsprechenden Funktionssystemen gleichwohl Weltperspektiven durchsetzen, die in den einzelnen Regionen Beachtung erzwingen« (ebd.: 377).

Der Nationalstaat hätte in dieser Sicht die Funktion, globalisierende Einflüsse auf der Ebene der kollektiv bindenden Entscheidung zu limitieren, zu brechen bzw. für die eigenen regionalen Bedingungen zu adaptieren. Die Wirtschaft, die Medien, die Medizin, die Religion oder die Wissenschaft könnten ungestört ihren eigenen Operationen folgen. Darin ist für Luhmann u. a. die Implikation enthalten, daß sich regionale Schwerpunkte in den einzelnen Funktionssystemen verschieben können. Die Produktion der Wirtschaft wandert z. B. in Billiglohn-Länder, Banken und Verwaltungen bleiben am Ort. Langfristig wird daher eine erhöhte Mobilität »in den Verteilungen von Zentren und Peripherien« zu erwarten sein (ebd.: 377).

Abschließend greift Luhmann das heiße Eisen an: Ist diese segmentäre Differenzierung des politischen Systems an die Form des Staates gebunden? Zunächst weist er darauf hin, daß seit Beginn der Staatlichkeit diese an internationale Anerkennung gebunden ist und daß hierin die Quelle der Legitimität liegt. Gebunden ist die Anerkennung allerdings an das, »was sich im 19. Jahrhundert dann als Kernvoraussetzung aller Legitimität herausschält: an die faktische Durchsetzung der Staatsgewalt auf einem bestimmten Territorium« (ebd.: 378). Dies ist der Kern moderner Staatstheorien. Luhmann klärt freilich nicht die Frage, ob diese »überkommenen Definitionen des Staatsbegriffs« (ebd.: 379) auf die heutige Welt noch passen. Er argumentiert in diesem Zusammenhang eher mit der Faktizität: »Desungeachtet zwingt sich die segmentäre Differenzierung des weltpolitischen Systems allen Territorien auf« (ebd.). Gleichwohl ist die Souveränität der Nationalstaaten und ihre Kommunikationsfähigkeit im internationalen Kontext keine Stabilitätsgarantie mehr. Daher übernimmt das weltpolitische System in bestimmten Fällen Teile dieser Funktionen.

Politik erfüllt als Subsystem der Weltgesellschaft die Funktion der kollektiv bindenden Entscheidung. Die segmentäre Zweitdifferenzierung in Territorialstaaten dient dazu, diese Funktion »an die regional extrem unterschiedlichen Bedingungen heranzuführen« (ebd.: 380). Unter weltpolitischen Bedingungen sieht Luhmann also die Funktion von Nationalstaaten in ihrer organisierten Fähigkeit, intern und extern effektiv und durchsetzungsfähig zu sein und das Segment »kommunikativ zu vertreten« (ebd.: 379). In dieser

Sicht erweist sich der Nationalstaat als Schubkraft globalisierender Entwicklungen, indem er zu Standardisierungen etwa in den Curricula beiträgt und damit weltgesellschaftliche Perspektiven auch für andere Funktionssysteme durchsetzt. Luhmanns Argument lautet, daß Nationalstaaten als Teile der Weltgesellschaft in bezug auf die Form ihrer Staatlichkeit und ihre organisierte Kommunikationskompetenz gleich sind, während sie sich intern in der Realisierung der Politikfunktion unterscheiden.

Hier ergibt sich insgesamt ein Anschluß an Meyers Vorstellung vom Nationalstaat, der weltweite Normen und Muster verbreitet und auf dem eigenen Hoheitsgebiet implementiert. Es handelt sich allerdings wieder um eine Überschneidung beider Konzepte, die im Licht ihrer unterschiedlichen Fragestellungen nicht sehr stark ist. Luhmann interessiert sich für den Funktions- und Leistungsbezug des Nationalstaates: Welche Aufgabe erfüllt er im Teilsystem der Politik und welche Leistung erbringt er? Meyer interessiert, wie sich Regeln und Schemata weltweit verbreiten und welche Rolle der Nationalstaat in diesem Prozeß der Standardisierung hat (vgl. Strang/Meyer 1993).

Während Meyer die Homologien von Nationalstaaten institutionentheoretisch als Mechanismus der Diffusion konzipiert, geht Luhmann nach dem systemtheoretischen Theorem vor, daß Außendifferenzierung durch Binnendifferenzierung bedingt ist (vgl. Luhmann 1998: 376; auf Wissenschaft bezogen vgl. Stichweh 1996). Die Ergebnisse liegen allerdings nicht so weit auseinander. Denn beide, Meyer und Luhmann, konzipieren den Nationalstaat als Segment des politischen Systems und als Akteur für die Umsetzung und Generierung weltweiter Standards und institutioneller Regeln, also als Ergebnis und als Erzeuger globalisierender Tendenzen. Meyer und seine Mitarbeiter können diese Funktion des Nationalstaates in ihren Studien empirisch belegen und weit genauere Anhaltspunkte dafür geben, welche Funktionen der Staat verläßt und für welche er weiterhin notwendig ist, welche Akteure ihn beerben und welche weltgesellschaftliche Dynamik damit verbunden ist. Dies wird Gegenstand des folgenden Kapitels über die Forschung sein.

Zusammenfassend ist festzuhalten: Luhmann entwickelt einen Gesellschaftsbegriff, der nicht über Individuen, deren Wechselbeziehung oder Rollen bestimmt ist, sondern über

Kommunikation. Dies hat Folgen für die Grenzen der Gesellschaft, die nicht über territoriale Unterscheidungen, sondern über Kommunikation gezogen werden. Das Gesellschaftssystem ist dasjenige soziale System, das die grundlegende Reduktion von Komplexität vornimmt und dadurch die Prämissen für die Operationen anderer bereitstellt. Die primäre Differenzierung der Gesellschaft sind die funktionalen Teilsysteme. Diese ziehen ihre Grenzen von *innen*. Sie besitzen eigene Codes und Programme, die sie als Suchapparate zur Reduktion von Komplexität einsetzen. Der für die Weltgesellschaftskonzeption entscheidende Gedanke Luhmanns ist an dieser Stelle, daß aufgrund der Binnendifferenzierung der Teilsysteme nicht mehr territoriale Einheiten, sondern das Gesamt der Kommunikation, nämlich Weltgesellschaft den Bezugsrahmen stellt. Wie bei einigen anderen Bausteinen seiner Theorie (Reflexion, Sinn, Individuum) hat Luhmann sich auch im Fall der Gesellschaft dafür entschieden, einen Begriff weiter zu verwenden, der die alteuropäische Tradition *kontinuiert und diskontinuiert* (vgl. Luhmann 1997: 145).

Der Gedanke, daß die Gesellschaft ein umfassendes Sozialsystem darstellt, eine Letzteinheit des Sozialen, bleibt in seinem Gesellschaftsbegriff erhalten. Die sozialstrukturellen Bedingungen dieses Gesellschaftssystems und der Modus von Operation und Reproduktion sind indes andere geworden. Es ist nicht mehr ein Teilsystem, das die gesamte Gesellschaft regiert, oder ein Wertkonsens, über den Gesellschaft insgesamt integriert werden kann. Hier bricht Luhmann mit dem alteuropäischen Modell und verabschiedet daher Begriffe wie Subjekt, Handlung, Teil, Ganzes, die er durch System, Umwelt, Kommunikation und schließlich Weltgesellschaft ersetzt: »Weltgesellschaft ist das Sich-ereignen von Welt in der Kommunikation« (ebd.: 150).

Aus der Werkstatt weltgesellschaftlicher Analysen

Die im ersten Teil vorgestellten Konzepte der Weltgesellschaft lassen sich auf unterschiedliche Phänomene anwenden und empirisch umsetzen. Den Konzepten von Heintz und Meyer ist zwar gemeinsam, daß sie ihre weltgesellschaftlichen Fragestellungen auf empirische Felder beziehen, sie stützen sich allerdings auf verschiedene theoretische Ansätze und Untersuchungskontexte im Rahmen der Soziologie. Der ›Frühstarter‹ Heintz arbeitete zunächst vor allem strukturtheoretisch und ab Mitte der siebziger Jahre auch codetheoretisch. In seiner Zürcher Forschungsgruppe entstehen Grundlagenuntersuchungen auf dem Gebiet der multinationalen Korporationen, der Migration, der politischen Regimewechsel und der Lage der Frauen in der Schweiz. Nach dem frühen Tod von Peter Heintz im Jahr 1983 wird die systematische und empirische Analyse der Weltgesellschaft in der bisherigen Form nicht fortgesetzt.[6]

Im Unterschied zu Luhmann, der von Beginn an das Projekt einer soziologischen Gesellschaftstheorie verfolgte, hatten Heintz und Meyer für ihre groß angelegten empirischen Projekte Forschungsteams aufgebaut. Während sich der Forschungszusammenhang in Zürich nach dem Tod von Heintz auflöste, wird das World-Society-Konzept von Meyer und anderen nun bereits seit fast dreißig Jahren ausgefeilt. Im Rahmen neuerer, amerikanischer Organisationsforschung und des Neo-Institutionalismus ist das World-Society-Konzept mit einer Theorierichtung verknüpft, die in den letzten Jahrzehnten auf verschiedenen Gebieten der Soziologie und der Politikwissenschaft mit umfangreichen Analysen präsent ist und deren Erfolg sicherlich auch in ihrer Anschluß- und Vernetzungskapazität besteht (vgl. Hasse/Krücken 1996, 1999).

Luhmanns Projekt der Gesellschaftstheorie, ebenfalls mit einer Laufzeit von dreißig Jahren, sah keine empirische Forschung vor: »Ich versuche, die empirischen Methoden durch Milieukenntnis zu ergänzen [...]. Was plausibel ist oder nicht, sehe ich, wenn ich mich erinnere, oder wenn ich mitmache« (Luhmann in: Horster 1997: 35). Luhmann griff auf Milieukenntnis zurück, wenn er für die frühen organisations- und rechtssoziologischen Werke aus seinen Erfahrungen in Verwaltung und Politik schöpfte. Bis auf einige wenige Ausnahmen sind aus dem systemtheoretischen Kontext bislang keine Forschungen zur Weltgesellschaft hervorgegangen.[7] In diesem Theorierahmen finden wir für die Darstellung empirischer Analysen der Weltgesellschaft daher wenig Material. Stichweh ist hier wohl der einzige, der das Konzept der Weltgesellschaft im Laufe der letzten Jahre in einem größeren gesellschaftsgeschichtlichen Rahmen behandelt hat.

Im Mittelpunkt stehen hier nun vor allem Untersuchungen zum *World-Society*-Konzept, und zwar Studien, die die Gebiete Migration, Nationalstaat, postnationale Mitgliedschaftsmodelle und Nicht-Regierungsorganisationen behandeln. Aus Heintzens Forschungszusammenhang sollen einige Studien unter dem Gesichtspunkt von Orientierungshorizonten in der Weltgesellschaft vorgestellt werden. Es werden zunächst Überlegungen zur Globalisierung der Wissenschaft von Stichweh vorgestellt, um dann zu den beiden anderen Konzepten überzugehen.

Stichweh: Globalisierungsmuster im Wissenschaftssystem

Stichweh beschäftigt sich mit der Weltgesellschaft auf der Basis seiner eigenen umfangreichen Studien zur Genese des europäischen Wissenschaftssystems (vgl. Stichweh 1984, 1991). In seinen Überlegungen zur Globalisierung des Wissenschaftssystems (Stichweh 1996) untersucht er die drei Mechanismen funktionaler Differenzierung, Organisation, Verbreitungsmedien. Zunächst geht er von dem Phänomen aus, daß die Binnendifferenzierung des Wissenschaftssystems im 19. Jahrhundert mit einer Nationalisierung der Wissenschaft verbunden ist. Während die Wissenschaft der Frühen Neuzeit als *res publica literaria* in der Gelehrtenwelt ihre kosmopolitische Dimension hatte, verengte sich der Adressatenkreis mit der Wende zum 19. Jahrhundert auf nationale Kontexte. Wir haben es auf den ersten Blick mit einem Paradox zu tun: Zu dem Zeitpunkt, als die wichtigen Veränderungen in Richtung auf moderne Wissenschaft – Forschungsimperativ, innerwissenschaftliche Spezialisierung und Kommunikation, Verberuflichung – einsetzten, fand auch die Verengung auf den nationalen Horizont statt. Wie ist dann zu erklären, so Stichwehs Frage, daß die Verkleinerung der Referenzgruppe von einer progressiven Unterteilung der spezialisierten Subsysteme der wissenschaftlichen Kommunikation begleitet wird?

Er geht von dem Gedanken aus, daß die Außendifferenzierung der Teilsysteme durch Binnendifferenzierung bedingt ist. Die Anwendung dieses Theorems haben wir bereits in Luhmanns Überlegungen zum politischen System ken-

nengelernt: Die segmentäre Zweitdifferenzierung von Nationalstaaten optimiert die Politikfunktion. Nationalstaaten sind
also in bezug auf die Form ihrer Staatlichkeit, d.h. über den
Mechanismus der Diffusion, gleich, während sie sich in der
Realisierung der Politikfunktion unterscheiden.

Für das moderne Wissenschaftssystem im 19. Jahrhundert
behauptet Stichweh, daß die Nationalisierung der Referenz-
gruppen »is compensated for some time by the *inclusion* of
new units given the opportunity of participation in scientific
communication« (Stichweh 1996: 329). Diese Einheiten sind
Organisationen, Rollen und Personen. Das prominente Beispiel einer Organisation stellt für das frühe 19. Jahrhundert
die Universität dar. Universitäten wurden erstmals als exklu-
sive wissenschaftliche Institutionen definiert, d.h., Kommunikation in Universitäten wurde als Teilhabe an Wissenschaft verstanden (vgl. Stichweh 1991). Dies impliziert, daß
die Rolle des Hochschullehrers eine wissenschaftliche wird;
im deutschen Fall wird sie sogar auf den Gymnasiallehrer
ausgedehnt. Was sind nun die Mechanismen, die von den
nationalen wissenschaftlichen *communities* des 19. Jahrhunderts zur modernen Wissenschaft als einem globalen Funktionssystem führten?

Zunächst führt der Weg über Diffusion. Wie im politischen System finden auch in einem bestimmten Kontext des
Wissenschaftssystems soziale Innovationen statt, die von
anderen beobachtet, aufgegriffen und imitiert werden.
Stichweh illustriert sein Argument historisch am europäischen System der Hochschulbildung (*higher education*), das
sich über den Globus verbreitete (vgl. Stichweh 1998b). Im
19. Jahrhundert transferierte man das europäische Modell
zunächst in die USA, im Laufe des 20. Jahrhunderts verbreitete es sich als *westliches Modell* dann in das britische Em-
pire und schließlich über die ganze Welt.

Der zweite Weg zum globalen Wissenschaftssystem führt
über die Vernetzung. Disziplinäre Differenzierung »ist der
zentrale Mechanismus in der Globalisierung des Wissenschaftssystems« (Stichweh 1999a: 30). Mit zunehmender
subdisziplinärer Differenzierung wurden nationale Grenzen
und auch die von Organisationen unterlaufen. Globalisierung ist aus dieser Sicht mit der Entstehung immer neuer
communities von WissenschaftlerInnen verbunden, die den
sozialen und kognitiven Raum der Wissenschaft bestimmen,

der nicht mit nationalen Grenzen kompatibel ist. Hierbei, so Stichwehs Argument, ersetzten Netzwerkstrukturen von *scientific communities* formale Organisationen, und sie unterliefen sie faktisch durch die Nutzung von Techniken der Telekommunikation. Jenseits der Kontrolle der Organisation waren es diese Netzwerke, die den Mechanismus der Dezentralisierung in Funktionssystemen zum Tragen bringen (vgl. ebd.: 32; 1996: 336).

Stichweh macht in diesem Zusammenhang auf einen wichtigen Aspekt der Form der Netzwerkbildung und der Erreichbarkeit über indirekte Beziehungen aufmerksam. Die Fortsetzung wissenschaftlicher Projekte ist nicht an den gemeinsamen Raum gebunden, die Initiierung wissenschaftlicher Zusammenarbeit scheint indes auf diese Bedingung angewiesen zu sein. Unter diesem Gesichtspunkt wäre es weiterführend, nach unterschiedlichen Globalisierungsmustern der Funktionssysteme zu fragen. So befaßt Stichweh sich beispielsweise mit der unterschiedlichen Adaption von E-Mail im Wirtschaftssystem (Aufbau von internen Netzwerken) und im Wissenschaftssystem (organisationstranszendierende Kommunikation) (vgl. Stichweh 1999a). In systemtheoretischer Perspektive wäre hier selbstverständlich die Frage wichtig, wie die spezifische Operationsweise der Funktionssysteme Globalisierungsmuster konditioniert.

Stichwehs Beschäftigung mit den Globalisierungsformen im Wissenschaftssystem lassen sich abschließend zusammenfassen. Im Anschluß an Luhmann bestimmt er drei Komponenten, die für die Entstehung der Weltgesellschaft strukturelle Bedeutung haben, nämlich die funktionale Differenzierung, Organisationen und Verbreitungsmedien. Darüber hinaus präzisiert er die Mechanismen der Diffusion und Vernetzung und erweitert sie um den Gesichtspunkt der Dezentrierung in Funktionssystemen (vgl. Stichweh 1999b).

1. Wie für Meyer stellt die globale Diffusion auch für Stichweh den Mechanismus dar, durch den Homogenisierungsprozesse in der Weltgesellschaft erklärt werden können. Systemtheoretisch formuliert, ist die Häufigkeit und Intensität der Beobachtungsverhältnisse Voraussetzung für die Verbreitung von Kommunikation: »Beobachtungen erfolgen auf der Ebene kategorialer Zugehörigkeit und kategorialer Selbstzurechnung« (ebd.: 296) und ermöglichen Kopierverfahren.

2. Mit dem Mechanismus der globalen Vernetzung knüpft Stichweh an die »Und-so-weiter«-Hypothese aus Luhmanns Aufsatz zur Weltgesellschaft (vgl. Luhmann 1971: 54). Nicht die Vermehrung von Kontakten steht hier im Mittelpunkt, sondern die Möglichkeit, daß jede Interaktion auf weltweite Verflechtungen hinausläuft und in die Interaktionssteuerung einbezogen werden kann. Stichweh zufolge läßt sich mit dem Mechanismus der Vernetzung »der einzelne kommunikative Akt in seiner Einbettung in andere kommunikative Akte« (Stichweh 1999b: 298) beschreiben. Im Unterschied zur Diffusion wird ihm zufolge mit der Vernetzung oder Interrelation auf die Verbindung von Globalität und Lokalität im lokalen Ereignis fokussiert. Globalität stellt sich dann durch »die Vernetzung kommunikativer Ereignisse« (ebd.) her.

3. Die Dezentralisierung in Funktionssystemen stellt für Stichweh einen dritten Mechanismus dar, mit dem die Dynamik der Weltgesellschaft zu beschreiben ist. Die Zentrum/Peripherie-Unterscheidung im *World-System*-Konzept von Wallerstein deckt zwar »eine wichtige Startbedingung« (ebd.: 302) der Weltgesellschaft ab, die weitere Entwicklung der Weltgesellschaft führt indes zu einer Erosion der Zentren (ebd.). Die Zentralpositionen in den Funktionssystemen werden durch den Imitationsvorgang oder durch das Wachstum der Netzwerke aufgelöst. Im Wissenschaftssystem ist z.B. transorganisationelle Kommunikation nicht zu kontrollieren. Bei Stichweh ist dieser Gesichtspunkt evolutionstheoretisch wichtig. Denn so wird denkbar, daß Variation von *überallher* kommen kann, sie ist nicht mehr kontrollierbar und ermöglicht damit Diskontinuität und Emergenz.

Heintz: Globale Orientierungshorizonte und konzentrische Lagerung

Die weltgesellschaftlichen Studien und Analysen, die Heintz angeregt hat, gehören auch in den Zusammenhang der Gerechtigkeitsforschung. Denn sie sind ein Beitrag zu der Frage, »unter welchen Bedingungen in sozietalen Systemen Vorstellungen über Gerechtigkeit bzw. Ungerechtigkeit entstehen und welche Fragen daraus resultieren, wenn die Gesellschaftsmitglieder diese Vorstellungen mit der sie umgebenden Realität konfrontieren« (Hischier/Levy/Obrecht 1980: IXf.). Diese Konzeption der Weltgesellschaft richtet somit die Aufmerksamkeit insbesondere auf die Frage, wie Akteure in der Lage sind, das Profil des internationalen Entwicklungsschichtungssystems zu verändern. Ein Ziel der Untersuchungen am Zürcher Institut lag darin, »politische Potentiale als Träger des Wandels zu identifizieren sowie die Prozesse und Institutionen der Transformation und des Transfers von Spannungen zu analysieren« (ebd.: XIII).

Ein Beispiel hierfür ist die Analyse der Wechsel von politischen Regimen in Entwicklungsländern zwischen 1963 und 1970 unter dem Gesichtspunkt ihrer ungleichen Position im internationalen Entwicklungssystem (vgl. Heintz/Hischier 1983). Im Rahmen dieser Untersuchung wurde der soziopolitische Wandel in Entwicklungsländern unter dem Aspekt der Endogenität bzw. Exogenität erforscht. Die Fragestellung zielte auf die individuelle »Entwicklungskarriere einer Nation« (Heintz/Meier-Dallach 1983: 8) im internationalen Schichtungssystem. Endogenität ist als die Selbststeuerung des gerichteten Wandels definiert, nämlich als die Kapazität eines Nationalstaates, das exogen strukturierte Entwicklungsproblem möglichst dem eigenen »Profil entsprechend verarbeiten zu können« (ebd.). Exogenität wird im Unterschied dazu als Orientierung am Wandel der Erwartungsstruktur des Entwicklungssystems aufgefaßt.

Das Besondere dieses Forschungsansatzes ist darin zu sehen, daß er die individuelle Karriere eines Nationalstaates auf die globalgesellschaftliche Konzentrik bezieht, d.h., die Bedingungen der Selbststeuerung variieren und sind abhängig davon, auf welcher Systemebene Entwicklungsvorstellungen umgesetzt werden können. Damit unterscheidet dieser Zugriff sich sowohl vom Dependenz-Ansatz, der den Pol der externen Abhängigkeit von der Weltwirtschaft akzentuiert, als auch vom Modernisierungsansatz, der mit der nationalen Unabhängigkeit den internen Pol betont.

Die Regimetypologie umfaßt politische Macht, ökonomische Macht, politisches Potential, das auf Entwicklungsspannung (internationale Ungleichheit) oder Klassenspannung (intranationale Ungleichheit) beruht. Insgesamt wird zwischen 13 Typen von Regimen unterschieden. Die Analyse der Regimesequenzen zeigt, daß sich bis Mitte der sechziger Jahre der Ausbau des relevanten Entwicklungsschichtungssystems in einer Aktivierung der Entwicklungsspannung und im ökonomischen Wachstum niederschlug. Die spätere Phase ab Mitte der sechziger Jahre zeigt demgegenüber, daß sich lediglich der liberale Regimetypus in die Weltwirtschaft integrierte, nicht aber etwa populistische Regime.

Heintz und Hischier (vgl. 1983: 228) stellten vor diesem Hintergrund drei Gründe für die Abnahme politischer Rationalität fest: 1. Administrativ-autosuffiziente Regime und sozialistische Regime tendieren zu einer »Internalisierung der Lösung von Problemen« (vgl. Heintz 1982a: 68). Sie verlagern Entwicklungsspannungen aus der internationalen in die nationale bzw. subnationale Ebene, d.h., sie schließen sich nach außen ab. 2. Verschiedene kapitalistische Regime externalisieren die internen Klassenkonflikte und sind dabei im Hinblick auf das ökonomische Wachstum unterschiedlich erfolgreich, zumal bei Verschlechterung der externen Bedingungen. 3. Der liberale Regimetypus ist einem außerordentlich extremen Widerspruch ausgesetzt. Denn dieses monetaristische Modell ist mit hohen sozialen und politischen Kosten verbunden, da es gegenüber internen Klassenkonflikten durchgesetzt werden muß.

Die Regimeanalyse zeigte, daß Endogenität in die Phase der Nachkriegszeit fiel, als das Entwicklungsschichtungssystem aufgebaut wurde. In dem Befund der Regimesequenzen sahen Heintz und Hischier Anzeichen für den Zerfallsprozeß des internationalen Entwicklungssystems: »Die faktische Erwartungsstruktur der zunehmenden Integration in die Weltwirtschaft impliziert andere Arten von Anforderungen als endogene Entwicklung, nämlich Exportorientierung und Öffnung für ausländische Direktinvestitionen« (Heintz/Hischier 1983: 229).

Insgesamt diagnostizierte Heintz eine Illegitimierung des Entwicklungsschichtungssystems. Die Abschließung einzelner Nationalstaaten diente dabei der Maximierung der intranationalen Autonomie oder der Erzeugung »nationaler und regionaler Identitäten durch Revitalisierungsprozesse und kollektive geschichtemachende Violenz« (Heintz 1982a: 67). Die islamische Regierung im Iran und das Pol-Pot-Regime in Kambodscha stellten unter diesem Gesichtspunkt radikale Regimewechsel dar, deren Ziel nicht nur in der Reduzierung externer Abhängigkeiten lag, sondern auch in der Erhöhung »der Berechenbarkeit gesellschaftsinterner Prozesse im Dienste der politischen Entscheidungsträger« (ebd.: 70).

Für den Zerfall des Entwicklungsschichtungssystems waren Heintz zufolge weitere Faktoren verantwortlich. Die wirtschaftliche Schichtung wurde aufgrund der Nivellierung des Bildungsniveaus entlegitimiert, und zudem verlor der Wert des Konsumgutes durch Sättigung des Einkommens in den hoch entwickelten Ländern an Bedeutung. Zu diesem Prozeß der Entropie zählte Heintz außerdem die Emergenz neuer Zentren der Macht- und Prestigedifferenzierung in Form von multinationalen Korporationen, die unabhängig vom Territorium und als Konkurrenz zum Nationalstaat (vgl. Heintz 1974a: 48) sowie ohne klare Segmentierung nationaler Kontexte operierten (vgl. Heintz 1982a: 85).

Aus der langfristigen Perspektive konstatierte Heintz zum einen die zunehmende Mobilisierung über Urbanisierung und Bildung seit dem 19. Jahrhundert, zum anderen die wachsende Zuschreibung auf die politisch-militärische Dimension, d.h. die Aggregation nationaler Ressourcen für politisch-militärische Macht z.B. über Wissenschaft und Forschung. Den ersten historisch längerfristigen Trend, der die Grundlage für die Herausbildung des internationalen Entwicklungsschichtungssystems darstellte, bezeichnete er als integrativ, den zweiten der Aggregation politisch-militärischer Macht als desintegrativ.

In seinen Studien beobachtete Heintz indes nicht nur aus dem *Weltobservatorium* der Schweiz weltweite Entwicklungen. Mit seinem Team untersuchte er ebenfalls die Karriere der Schweiz in der Weltgesellschaft: Wie wird auf der intranationalen Ebene die Weltgesellschaft wahrgenommen und wie werden differentielle Positionen in der Struktur der Weltgesellschaft genutzt, d.h., in welcher Weise werden globale Prozesse lokal verarbeitet? Diese Problemstellung verdankt sich der analytischen Perspektive, die die Differenzierung der Weltgesellschaft »aus der Existenz dieser Gesellschaft selbst zu erklären« (Heintz 1982a: 9) versucht.

Die Vorstellung von der Konzentrik verschiedener Systeme und dem Spannungstransfer bot einen hervorragenden analytischen Bezugsrahmen für die Kontextualisierung von Einzelstudien sowie für die Analyse unterschiedlicher Teilsysteme, Sektoren und Reichweiten: Diese Untersuchung erstreckt sich von der Erforschung der Operation multinationaler Korporationen (vgl. Bornschier 1980) über das Migrationsproblem (vgl. Hoffmann-Nowotny 1970, 1972) bis zur Position von Schweizer Frauen in Familie und Gesellschaft (vgl. Held/Levy 1974; Heintz/Obrecht 1980).

So wurde am Fall der Schweiz erforscht, wie sich die Inkonsistenz von Einkommen und Bildung manifestierte (vgl. Heintz 1974a: 133ff.). Die Schweiz schlug sehr früh den Weg der Multinationalisierung der Wirtschaft ein und zählte global zu den Frühstartern auf diesem Gebiet. Allerdings blieb die Schweiz mit ihren Investitionen in Bildung weit hinter ihrer technischen und wirtschaftlichen Entwicklung zurück. Auf der ökonomischen Seite fand zwar eine Öffnung zur *weiten Welt* statt, doch aufgrund eines niedrigen Bildungsniveaus existierten ungünstige Voraussetzungen, um Informationen über die Weltgesellschaft zu verarbeiten und Lernchancen zu initiieren.

Individuelle oder kollektive Akteure nehmen zwar direkt oder indirekt an dem Interaktionsfeld der Weltgesellschaft teil, »aber nur für wenige Akteure stellt dieses Feld den subjektiv relevanten globalen Orientierungshorizont dar« (vgl. Heintz 1976b: 125). Damit, so Heintz, »werden Weite oder Enge seiner Perspektive von dem System bestimmt, das er [der Akteur] als globalen Orientierungshorizont wählt« (ebd.; zur sozialen Orientierung in Nähe und Ferne vgl. Merton 1995). Die Sozialstruktur der Weltgesellschaft strukturiert diese Auswahl, die von dem Partizipationsniveau der Akteure abhängt. Die Wahl wiederum hängt davon ab, ob und wie Akteure dazu in der Lage sind, die Komplexität des Feldes so zu reduzieren, daß es als Orientierungshorizont dienen kann.[8]

Bei Heintz enthält die soziale Struktur, die *strukturelle Nachbarschaft,* für Akteure unterschiedliche Chancen der *Nahsicht* und der *Weitsicht* (vgl. Heintz et al. 1978). Auf die oben angesprochene Diskrepanz zwischen Einkommen und Bildung in der Schweiz läßt sich dies folgendermaßen beziehen: Die Spannung zwischen ökonomischer Position und dem Grad der Bildung wird durch die Arbeitsmigranten in der Schweiz verstärkt. Die Schweiz löste ihren Arbeitskräftemangel durch eine massive Immigrationspolitik und durch Beschäftigung von ausländischen Arbeitskräften in den untersten Segmenten der Beschäftigung. Hierdurch wurde eine *Unterschichtung* der Beschäftigungsstruktur erzeugt, d.h.

»eine Reproduktion der Schichtung des internationalen Systems im Einwanderungsland« (ebd.: 328). Für einen Teil der einheimischen Schweizer ergaben sich daraus erhöhte Aufstiegschancen. Die Einwanderung von Arbeitsmigranten bildete somit die Basis für den sozialen Aufstieg von Schweizern, ohne in die Bildung investieren zu müssen, d.h., der weltweite Entwicklungsunterschied konnte ausgenutzt werden (Hoffmann-Nowotny 1970, 1972).

Ein anderer, nicht-mobiler Teil der einheimischen Schweizer erfuhr einen Statusverlust, weil er sich mit Migranten auf eine Stufe gestellt sah. Heintz und seine Mitarbeiter kamen zu dem Schluß, daß die Schweizer die daraus resultierende Spannung gegenüber Migranten durch den Mechanismus des Vorurteils reduzierten (vgl. Heintz et al. 1978: 329). Im Zuge der Spannungsreduktion fand damit »die Substitution von erwerbbaren durch zugeschriebene Legitimationskriterien wie die Zugehörigkeit zur nationalen Gruppe der Einwanderungsgesellschaft« (ebd.) statt. Die Schweiz, so das Fazit, habe keine Vorkehrungen getroffen, um strukturelle Effekte der Einwanderung in der Weise zu kanalisieren, »daß bei den davon Betroffenen eine weitere Perspektive hätte erreicht werden können« (ebd.: 330). Mit anderen Worten, die Schweiz schlug eine Strategie ein, die Lernkapazitäten verhinderte. Vor diesem Hintergrund erklärte Heintz einen hohen Grad des Widerstands gegen Änderungen, eine Ablehnung urbaner Lebensführung und das Ressentiment gegen Arbeitsmigranten.

Nach Heintz stellt sich die Differenzierung der Orientierungshorizonte vom Standpunkt der Akteure »als konzentrische Lagerung von Systemen dar« (Heintz 1980b: 79). Dieses Strukturierungsprinzip bezeichnete er als eine Funktion der Globalität der Orientierungshorizonte, die durch verschiedene Systemebenen repräsentiert werden. Die lokalen und globalen Lebensräume der Individuen sind daher »faktisch miteinander verknüpft« (Held/Levy 1974: 355).

Auf der Grundlage der UNESCO-Studie zur Stellung der Frau in der Schweiz (Held/Levy 1974) diskutierte Heintz die Differenzierung von Binnen- und Außenrollen am Beispiel der Geschlechter: Die Außenrollen verknüpfen das differenzierte System der Träger von Binnenrollen mit einem System höherer Ebene, d.h., nach dem traditionellen Geschlechtermodell findet für die Ehefrauen eine Ausweitung ihres

Horizonts über den Ehemann, den Träger der Außenrolle, statt (vgl. Heintz 1980b: 78f.). Dieses Angewiesensein auf den Gatten als den für Außenbeziehungen Zuständigen verstärkt die strukturelle Nachbarschaft der Frauen, die Nahsicht fördert (vgl. Heintz et al. 1978: 339; hierzu Heintz/Obrecht 1980).

Vor diesem Hintergrund kann die Weltgesellschaft nicht »als einzig interindividuelles System« (Heintz 1982a: 28), also nicht als homogene Struktur aufgefaßt werden. Aufgrund dieser theoretischen Perspektive der Konzentrik sind die empirischen Studien durch eine hohe Aufmerksamkeit für die Verschränkung von globalen und lokalen Orientierungshorizonten geleitet.

Soysal: Postnational Citizenship

Für Konzepte der Weltgesellschaft stellt die Institution der Staatsbürgerschaft (*citizenship*) einen interessanten Fall dar, um die Frage zu untersuchen, wie sich ihre Reproduktionsbedingungen im globalen Erwartungshorizont verändern und wie diese Veränderung auf lokale Kontexte zurückwirkt. Da der Nationalstaat selbst Segment der Weltgesellschaft ist, befindet sich die Staatsbürgerschaft als nationale Institution und als Mitgliedschaftsmodell an der Schnittstelle von zwei Ebenen der Sozialorganisation. Aus diesem Grunde ist die Staatsbürgerschaft ein geeignetes Beispiel dafür, wie sich die Relevanzen verschiedener Systemebenen verschieben, die durch Mitgliedschaft bestimmt sind.

Die Forschungsgruppe von Meyer hat vor allem zwei Untersuchungsbereiche bearbeitet, nämlich 1. die globale Entwicklung von Bürgerrechten, Nationalstaat und *citizenship*, 2. die Differenzierung von Rechtsnormen im Bereich klassischer politischer Rechte (Stimmrecht) hin zu personengebundenen Rechten und Gruppenrechten (vgl. Ramirez/Meyer 1998). Sie kamen in ihren Untersuchungen zu dem Ergebnis, daß *citizenship* im Laufe dieses Jahrhunderts international ausgeweitet worden ist und inzwischen selbst globale Normen generiert (Soysal 1994, 1996; Ramirez/Soysal/Shanahan 1997; Ramirez/McEneaney 1997; die Beiträge in McNeely 1998, insbesondere: Ramirez/Meyer 1998; Berkovitch 1998, 1999b; Boli 1998). Im folgenden wählen wir also diesen spezifischen Teil aus der Forschung Meyers und seines Teams aus. Im Rahmen dieser Darstellung können die *World-Society*-Studien zum Erziehungssystem (Meyer/Hannan 1979a; Meyer/Kamens/Benavot 1992; Meyer/Ramirez/Soysal 1992) und zum Wissenschaftssystem (Finnemore 1993, 1996; Schoffer 1999) daher nicht berücksichtigt werden.

Yasemin Soysals Studie »Limits of Citizenship« (1994) stellt eine der innovativsten Studien dar, die in den neunziger Jahren auf dem Gebiet von *citizenship*, das sind politische Mitgliedschaftsmodelle und Rechtsnormen, durchgeführt worden sind. Zugleich ist diese Studie ein gutes Beispiel für die Anwendung und das Potential des *World-Society*-Konzepts. Im Unterschied zu Ansätzen, die im Bezugshorizont des Nationalstaats verbleiben, stellt für Soysal die Weltgesellschaftsebene eine analytische Zurechnungsgröße dar. Auf diese Weise gelangt sie zu neuen Problemformulierungen.

Soysal untersucht in ihrer komparativen Studie zum einen die Inkorporationsregime westeuropäischer Länder und zeigt, daß deren wohlfahrtsstaatliche Institutionen zunehmend auf Arbeitsmigranten hin erweitert worden sind. Sie bezieht zum anderen den Wandel der Mitgliedschaftsmodelle europäischer Nationalstaaten auf weltweite institutionelle Muster und globale Normen, also auf exogene Faktoren. Ihre These lautet, daß globale Entwicklungen nach 1945 die klassischen Prinzipien der Staatsbürgerschaft in Frage gestellt haben und in diesem Kontext postnationale Modelle politischer Mitgliedschaft entstehen (vgl. Soysal 1994: 9, 139ff.; 1996: 182). Zu den Veränderungen nach 1945 zählt insbesondere die Restrukturierung der internationalen politischen Ordnung im Rahmen der Entkolonialisierung, der Wandel des internationalen Arbeitsmarktes und der Migration, die Entstehung weltweiter sozialer Bewegungen und die Globalisierung von Rechtsnormen und Diskursen.

Das nationale Mitgliedschaftsmodell knüpft die Zugehörigkeit an das Territorium und die Nation. Als zwei verschiedene Versionen der Staatsbürgerschaft hat man in diesem Zusammenhang das partizipativ-republikanische und das ethnisch-kulturelle Mitgliedschaftsmodell voneinander abgegrenzt (vgl. Brubaker 1994; Smith 1986, 1991; Wobbe 1996b, 1997). Im ersten Fall handelt es sich um die *politisch-rechtliche Inkorporation*, die die Rechte auf alle Bürger eines Territoriums ausdehnt. Im zweiten Fall handelt es sich um die *ethnisch-kulturelle Inkorporation*, d.h. die Zuschreibung von Herkunft, Geschichte, Kultur und Werten auf eine partikulare Gruppe. In beiden Fällen, gewiß graduell unterschiedlich, wird die Erlangung von Rechten an das Territorium und die Zugehörigkeit gebunden.

Im Unterschied zu diesem *nationalstaatlichen Modell* hat sich, so Soysal, nach 1945 im Rahmen des *Gastarbeitersystems* ein neues Phänomen herausgebildet. Die Migranten sind in den Leistungszusammenhang wohlfahrtsstaatlicher Institutionen und damit in Rechtsansprüche einbezogen, »that constitute the basis of citizenship« (Soysal 1994: 12). Obwohl also ein relevanter Teil der Wohnbevölkerung nicht den Status eines vollen Staatsbürgers hat, verfügt er über wichtige Komponenten staatsbürgerlicher Rechte. Dieser Sachverhalt induziert Soysal zufolge den Übergang vom nationalen zum *postnationalen Modell* politischer Mitgliedschaft. Rechte werden nicht mehr ausschließlich durch die nationale Zugehörigkeit legitimiert, sondern auch durch einen universellen Personenstatus. Im Zuge dieser Entwicklung entkoppeln sich die normativen und organisationellen Grundlagen der politischen Mitgliedschaft, d.h., das Verhältnis von Recht und Identität ändert sich.

Die zunehmende Inkongruenz von Rechten und Identität drückt sich in Europas hohem Bevölkerungsanteil von Nicht-Staatsangehörigen und einer niedrigen Einbürgerungsrate aus. Dabei haben Belgien, Deutschland und die Schweiz besonders niedrige Quoten (vgl. Soysal 1994: 23ff.; Otte 1998). In der soziologischen Literatur wird häufig angenommen, daß die niedrige Einbürgerungsquote in Deutschland ihren entscheidenden Grund in den restriktiven Einbürgerungsbestimmungen hat (vgl. Brubaker 1994: 112, 115) bzw. daß sie sich aus spezifisch deutschen Konstellationen erklären läßt (vgl. Joppke 1999). Die Grundlage dieser Arbeiten ist insofern schmal, als die Einbürgerungsinteressen von Migranten bislang noch nicht systematisch erforscht worden sind.

Soysals Zugriff öffnet hier neue Perspektiven. Denn sie schlägt eine andere Zurechnung auf die niedrige Einbürgerungsquote vor und rückt die nationale Varianz der Einbürgerungsquoten in einen anderen Erklärungsrahmen. Ihr Argument ist, daß sich die Erwartungshaltung von Migranten in den letzten hundert Jahren gewandelt hat (vgl. 1994: 27).

Richtete sich die Erwartung um 1900 etwa auf die Assimilation in den nationalstaatlichen Rahmen, so sind Migranten gegenwärtig nicht primär an Assimilation interessiert, insbesondere weil sie über wohlfahrtsstaatliche Berechtigungen bereits Zugang zu Komponenten staatsbürgerlicher Rechte erlangt haben. Das geringe Interesse an Einbürgerung ist danach nicht primär durch lokale Bedingungen zu erklären, sondern durch die Dynamik globaler Normen, die für lokale Kontexte ausschlaggebend werden. Migranten reflektieren somit einen Wandel vom nationalen zum postnationalen Mitgliedschaftsmodell, von Rechten, die durch den Nationalstaat legitimiert sind, zu Rechten, die durch den universalen Personenstatus legitimiert werden.

Meyer, Ramirez, Berkovitch: Globaler Wandel von Rechtsnormen und soziale Bewegungen

Soysals Studie gehört in den größeren Forschungsrahmen des *World-Society*-Konzepts, in dem seit den siebziger Jahren mit der Methode der Zeitreihen-Studien nationale Verfassungen, Inkorporation von Frauen, Ausbreitung von Nicht-Regierungsorganisationen etc. untersucht worden sind. John Boli zeigt in seiner Analyse der historischen Entwicklung von Bürgerrechten zwischen 1870 und 1970, daß die sozialen Rechte seit 1930 in nationale Verfassungen aufgenommen wurden und nach 1945 ein hohes Wachstum aufweisen (vgl. Boli 1987: 139). Die Ausdehnung der sozialen Rechte und ihre Differenzierung zu wohlfahrtsstaatlichen Berechtigungen (*entitlements*) erfolgte in der 2. Hälfte des 20. Jahrhunderts über Konzepte des Individuums und der Menschenrechte, die als globale Norm universalisiert und in der Form nationaler Wohlfahrtsregime institutionalisiert wurden. Zu den entscheidenden Faktoren dieser strukturellen Veränderung zählt die Entkolonialisierung und die Etablierung neuer Nationalstaaten (vgl. Boli/Thomas 1999).[9] Weltgesellschaftliche Studien zeigen, daß diese Reorganisation der internationalen Ordnung eine Gelegenheitsstruktur für die Implementierung von Rechten und die Differenzierung von Rechtsformen bot. Dies wird im folgenden anhand des Frauenwahlrechts dargestellt.

In der Phase der Entkolonialisierung war die Rate der Erlangung des Frauenwahlrechts siebenmal höher als zuvor (vgl. Ramirez/Soysal/Shanahan 1997: 742). Insgesamt ist das politische Stimmrecht ein Indikator für einen weltweiten Prozeß der Inkorporation von Frauen in diesem Jahrhundert: Zwischen 1890 und 1990 erhielten Frauen in 96 Prozent aller Nationalstaaten politische Rechte. Eine vergleichende Zeitreihen-Analyse von Francisco Ramirez und anderen arbeitet mit Daten von 133 Ländern aus diesem Zeitraum und gibt uns interessante Hinweise auf die Wellen, den Kontext und die Korrelation im Geschlechterverhältnis (Ramirez/Soysal/Shanahan 1997: 738): Zunächst fällt auf, daß sich das Wahlrecht im 20. Jahrhundert schnell verbreitete, und zwar für Männer und Frauen. Im Laufe dieses Zeitraums, sehr deutlich seit den sechziger Jahren, verkleinerte sich der Abstand zwischen Ländern mit männlichem und Ländern mit universalem Wahlrecht. Lediglich drei Länder, die im 20. Jahrhundert unabhängig wurden, verliehen zuerst den Männern und danach den Frauen das Wahlrecht (Österreich, Irland, Libyen).

Außerdem wird aus den Ergebnissen eine zeitliche Verdichtung ersichtlich. Denn erst nach 1930 wird in den meisten Ländern das Wahlrecht für Frauen eingeführt. 1900 hatten in ein Prozent der Länder Frauen und in 18 Prozent der Länder Männer das Wahlrecht. In den meisten Ländern erhielten Frauen und Männer im Zuge der Entkolonialisierung das Wahlrecht; nach 1945 verliehen die Länder dieses Recht gleichzeitig an Männer und Frauen. Das ist interessant, wenn man sich vergegenwärtigt, daß in sog. moderneren Ländern, insbesondere denen mit einer langen Tradition des Männerwahlrechts, die Abstände viel größer waren. Französische Männer erhielten das Wahlrecht 1875, die Frauen erst 1948, also 73 Jahre später.

Nach 1945 wurde das Frauenwahlrecht zu einem selbstverständlichen und standardisierten Teil der politischen Bürgerschaft. Warum schlugen die in anderer Hinsicht so unterschiedlichen Staaten denselben Weg zur politischen Inkorporation von Frauen ein? Wie konnte eine Forderung, die zu Beginn dieses Jahrhunderts noch heiß umkämpft war, am Ende des Jahrhunderts gewissermaßen zu einer Routine werden? Ramirez, Meyer, Soysal und andere vertreten die These, daß diese Entwicklung vor allem mit externen Faktoren außerhalb von Nationalstaaten erklärt werden kann. Die Diffusion des standardisierten und inklusiven Modells der politischen Bürgerschaft erfolgte über soziale Bewegungen, Experten und internationale Organisationen in einem globalen Erwartungshorizont.

Die Entkolonialisierung funktionierte hierbei wie ein Katalysator für die Implementierung des Stimmrechts, d.h., Entkolonialisierung hatte einen positiven Effekt auf die Erlangung des Stimmrechts für Frauen und Männer. Die nationale politische Unabhängigkeit »has constituted a window of opportunity for women's suffrage legislation« (Ramirez/Soysal/Shanahan 1997: 742). Die Erlangung des Stimmrechts für Frauen wird also aus dem globalen Kontext rekonstruiert und ist somit »increasingly a product of the transnational environment rather than of local or national forces« (ebd.: 743).

Vergleichen wir die Entwicklung des politischen Wahlrechts in diesem Jahrhundert mit anderen Rechtsbereichen, so ergeben sich aufschlußreiche ähnliche Muster. In dem Zeitraum, in dem sich das Wahlrecht weltweit als abstraktes und inklusives Bürgerrecht ausbreitete, fand ebenfalls ein Wandel der ökonomischen Rechte für Frauen statt. Nitza Berkovitch kommt in ihrer Studie der Beschäftigungspolitik und -gesetzgebung auf der Ebene internationaler Organisationen in den letzten 150 Jahren zu folgendem Ergebnis: Die Schutz-Gesetzgebung für die Erwerbsarbeit von Frauen und die Mutterschaftsregelungen stiegen zwischen 1840 und 1910 in einer hohen Rate an und gingen im Laufe des 20. Jahrhunderts zurück. Die Gesetzgebungen, die auf Gleichheit und Elimination von Diskriminierung abzielen, stiegen seit den fünfziger Jahren schnell an (vgl. Berkovitch 1999a: 49, 108, 118). Berkovitch hat diesen Trend auf der Basis der Resolution der *Internationalen Arbeitsorganisation* (ILO) rekonstruiert.

In demselben Zeitraum dehnten sich die Mutterschaftsregelungen mit neuen Begründungen aus. Waren sie früher vor allem als Schutz der künftigen Bürger und Arbeitskräfte definiert, wurden sie später zunehmend mit den Grundsätzen und wissenschaftlichen Prinzipien der sozialen Gerechtigkeit begründet (vgl. Berkovitch 1998: 98). In der Mitte der sechziger Jahre begann auf der Ebene internationaler Organisationen die Diskussion über die häusliche Arbeitsteilung.

Erstmals wurden nun Männer als Mitverantwortliche für den Haushalt betrachtet. Der Diskurs wechselte von den *working mothers* zu den *working parents* bzw. *workers with family responsibilities*.

Diese Befunde über politische und ökonomische Bürgerrechte lassen sich einerseits als Trend zur Abstraktion, also als eine Verallgemeinerung, und zum anderen als Trend der Differenzierung und Spezifizierung bezeichnen. Diese Trends hat Soysal in ihrer Untersuchung über Migranten und den Wandel des nationalen Mitgliedschaftsmodells ebenfalls identifiziert: Das inklusive Bürgerschaftsrecht wird auf Frauen und weitere Gruppen ausgeweitet und global verbreitet. Andererseits läßt sich eine Spezifizierung beobachten, die sich in der Entstehung neuer Typen von Rechtsnormen ausdrückt. Soysal kommt zu dem Schluß, daß der Mitgliedschaftsstatus auf der Grundlage der globalen Verbreitung von Rechten zunehmend mehr gestuft sein wird. Außerdem sind im Unterschied zum abstrakten liberalen politischen Recht gruppenbezogene Rechte – die *dritte Generation der Menschenrechte* – entstanden. Für Frauen stellen reproduktive Rechte als personengebundene Rechte eine Form dieser Spezifizierung dar.

Anders als beim Stimmrecht, dem klassischen, nationalstaatlich legitimierten, politischen Recht mit Bezug auf die Kategorie des abstrakten Individuums, handelt es sich bei den reproduktiven Rechten um eine Legitimierung des Rechts über den Status der Person, d.h. um ein bürgerliches Recht, das aufgrund des privaten Status der Person gerechtfertigt ist. Diese Rechte sind bisher weder von Männern gefordert noch auf sie ausgedehnt worden (vgl. Ramirez/McEneany 1997).

Das Konzept der *reproduktiven Rechte* als persönliche Wahl ist während der letzten zehn Jahre in einem globalen Erwartungshorizont (International Women's Health Coalition, World Bank, Vatikan u.a.) auf der Ebene internationaler Regierungs- und Nicht-Regierungsorganisationen vor allem im Rahmen der UN-Weltfrauendekade verhandelt worden (vgl. Razavi/Miller 1995). Die damit verbundenen Vorstellungen über Gesundheit, Familienplanung und Sexualität sind von dieser globalen Ebene in nationalstaatliche Kontexte implementiert worden (vgl. die Beiträge in Cook 1994, v.a. Plata 1994). Die mit personenbezogenen Rechten verbundenen *issues* betreffen Vorstellungen über die soziale Ordnung, d.h. über kulturelle Annahmen, religiöse Kosmologien und politische Strategien. Als solche bestimmen sie Konzepte privater Lebensführung ebenso wie entwicklungspolitische Strategien oder demographische Modelle (vgl. Wobbe 1999).

Dieser Wandel der Rechtsnormen zeigt zum einen, daß Nicht-Regierungsorganisationen im Status sozialer Bewegungen entscheidenden Einfluß auf diese Formulierung und Differenzierung von Rechten haben. So führten die in der UN-Weltfrauendekade entwickelten Programme erstmals zur Umsetzung von Gleichheitsnormen in internationalen Organisationen. Die Weltfrauendekade legitimierte nicht nur die globale Frauenbewegung, sie bot darüber hinaus die entscheidende Gelegenheitsstruktur für neue Akteure, um Rechte geltend zu machen. Die Menschenrechtskonferenz in Wien (Nowak 1994) und die Weltbevölkerungskonferenz in Kairo (Deutsche Gesellschaft für die Vereinten Nationen 1994) dokumentieren beides, den Prozeß der Veränderungen von Rechtsnormen und die zunehmende Relevanz von globalen Netzwerken und Nicht-Regierungsorganisationen (für Menschenrechtsorganisationen vgl. Herzka 1995). Unter diesem Gesichtspunkt bieten die weltgesellschaftlichen Forschungen der Gruppe um Meyer über Rechtsnormen Schnittstellen zur Forschung neuer sozialer Bewegungen, und mit ihrer Gerechtigkeitsforschung bieten sie Schnittstellen zur Organisations- und Regimeforschung.

Zum anderen weist der Wandel der Rechtsnormen auf veränderte Reproduktionsmechanismen der Institutionalisierung standardisierten Wissens hin. Die Debatten um reproduktive Rechte zeigen: Sexuelle Orientierungen und Formen der Intimbeziehungen, Ansprüche auf ein eigenes Stück Leben, die Wahl von Kind und Partner sind nicht mehr einer Seite, entweder dem Privaten oder dem Öffentlichen, zuzurechnen. Sie sind Gegenstände globaler wissenschaftlicher, politischer und religiöser Diskurse. Vorstellungen über Gesundheit, Sexualität etc. sind in internationalen Programmen implementiert und Geschlecht ist damit am Ende des 20. Jahrhunderts hoch institutionalisiert und standardisiert.

Unter diesem Gesichtspunkt ermöglichen die weltgesellschaftlichen Studien vor allem zweierlei, nämlich 1. die Wahrnehmung des faktischen Grades globaler Institutionalisierung; 2. die Korrektur gewohnter Sichtweisen und die Auflösung von Erkenntnisblockaden, also die Entwicklung von Lernchancen. Ramirez diskutiert in einer jüngeren Arbeit den Zusammenhang zwischen egalitären Standards und der Wahrnehmung von Ungleichheit einerseits und der Bezichtigung von Ungerechtigkeit andererseits. Er stellt das folgende Paradox in vielen Studien über den Status von Frauen fest: »[...] the persistence and reproduction of inequalities between women and men is a pervasive theme in the literature, despite evidence of worldwide trends in the direction of greater gender equality and greater worldwide attention to issues of gender equity« (Ramirez 1999: 1).

In diesem Paradox ist enthalten, daß der Wandel in der Reproduktion des Geschlechterverhältnisses – wie etwa in Form von Rechtsnormen oder in Form von staatlichen Programmen für Frauen in 80 Prozent der Nationalstaaten – Teil der Ausdifferenzierung und Standardisierung von Rechten ist. Standardisiertes Wissen in Form von sozialwissenschaftlichen Daten über Männer und Frauen, Gesundheit und Arbeit, Medien und Kinder bietet allererst die Grundlage, um Maßstäbe für Gleichheit und Ungleichheit zu formulieren und diese in politische Konzepte umzusetzen. In diesem Prozeß spielen wissenschaftliche Experten und Expertinnen, internationale Organisationen sowie soziale Bewegungen eine strategische Rolle, und letztendlich auch nationale Regierungen, die diese Konzepte implementieren. Die Konstruktion von Gleichheit und die Standardisierung von Gerechtigkeit im globalen Erwartungshorizont wird damit selbst zu einer soziologischen Problemstellung.

Weltgesellschaft: Eine Forschungsperspektive für die Soziologie

Kurt Tudyka schloß 1989 seinen Beitrag über die Weltgesellschaft als *Unbegriff* und *Phantom* mit dem Fazit: »[...] das Wort gehört mit seiner imperialen Prätention zur ›Welt‹ der Slogans und ist dem Genre gemäß nach Substanz und Formulierung ›mehr Design als Sein‹« (Tudyka 1989: 507; vgl. Brock et al. 1996). Vielleicht hat das damalige Ergebnis u. a. auch damit zu tun, daß Tudyka sich vor allem im politikwissenschaftlichen Feld umgesehen hat, als er sich auf die Suche nach der begrifflichen Konsistenz von *Weltgesellschaft* machte. Zehn Jahre später können wir festhalten, daß das empirische Phänomen Weltgesellschaft sich eines vitalen *Seins* erfreut und in der Soziologie mit verschiedenen *Designs* theoretisch konzipiert wird.

Die Perspektive der hier vorliegenden Einführung richtete sich auf die Weltgesellschaft als emergentes Phänomen; unter diesem Gesichtspunkt konnten drei unterschiedliche Konzepte aufeinander bezogen werden. Die Spezifik emergenter Phänomene liegt darin, daß sie mit dem bisherigen theoretischen Wissen nicht hinreichend zu erklären sind. Bezogen auf die Weltgesellschaft bedeutet das, daß dieser Gesellschaftstyp nicht über nationalstaatliche Grenzen, Ähnlichkeit der Lebensverhältnisse oder ein kohärentes Ganzes auf der Grundlage einer Wertebindung bestimmt werden kann. Das Innovative der vorgestellten Ansätze dürfte daher sein, daß sie – den nationalstaatlich gebundenen Gesellschaftsbegriff überschreitend – die Weltgesellschaft als ein eigenes soziales Gebilde konzipieren, das selbst die maximale Grenze von erreichbaren Handlungen und verstehbarer Kommunikation darstellt und daher eigene Unterscheidungen vornimmt und neue Interdependenzen auslöst.

Die Verlängerung von Interdependenzketten und die Zunahme indirekter Beziehungen bildete bereits für die Klassiker des soziologischen Denkens eine strukturelle Komponente der modernen Gesellschaft. So sah Durkheim (1893, 1895) in der Zunahme von Interdependenz einen Ersatz für Einheit, Ähnlichkeit und Direktheit. Simmel (1900, 1908) führte unter dem Gesichtspunkt von Verallgemeinerung und Spezifizierung die Analyse des Geldes als Medium für den Formenwandel sozialer Beziehungen durch. Weber befaßte sich herrschafts- und rechtssoziologisch mit der Zunahme von Interdependenz und formaler Kommunikation in der modernen Gesellschaft, eine ebenso herausragende Rolle spielte die Form der Rationalisierung in seiner Kulturanalyse, insbesondere in den vergleichenden religionssoziologischen Untersuchungen (Weber 1920, 1972).

Heutige soziologische Problemstellungen knüpfen an Fragen dieser Tradition an, wenn sie die veränderten Bedingungen gesellschaftlicher Differenzierung und gesellschaftlicher Institutionen untersuchen. So arbeitet Benedict Anderson (1988) Webers These von der *gedachten Gemeinschaft* (vgl. Weber 1972: 247) als strukturelle Komponente der modernen Gesellschaft zu der These aus, daß in der Umstellung der sozialen Beziehungen von *face-to-face relations* auf indirekte, vorgestellte Beziehungen ein Charakteristikum der Moderne liegt, das die Grundlage für Nationalismus bildet. Craig Calhoun (1992) argumentiert im Hinblick auf den sozialen Wandel, daß die technologische Infrastruktur der Moderne die Reproduktion des Sozialen in einem weltweiten Zusammenhang verändert. Am Beispiel des Internet diskutiert Bettina Heintz (1999) die Verbreitungsmedien unter diesem Gesichtspunkt gewandelter Reproduktionsbedingungen des Sozialen in ihrer Funktion für Differenzierung und Integration.

Heutige Studien gehen indes über die soziologische Klassik hinaus. Denn ihren Bezug auf einen globalen Horizont stellen sie nicht mehr über die Unterscheidung von Tradition und Moderne her. Ihnen zufolge besteht die Modernität der modernen Gesellschaft gerade darin, daß sie alle Unterscheidungen aus sich selbst heraus zu begründen hat. Weltgesellschaftliche Konzepte beziehen diesen Befund auf einen globalen Rahmen, d.h., sie postulieren Interdependenzen und wechselseitige Beobachtungsverhältnisse, aufgrund derer ein weltweites Maß für den Vergleich und damit für den Unterschied allererst möglich wird. Die internen Differenzierungen der Weltgesellschaft werden aus dieser Gesellschaft selbst erklärt.

Bei Heintz nimmt die Weltgesellschaft für eine gewisse Zeit die Form des internationalen Entwicklungsschichtungssystems an. Im Zuge der Reorganisation der internationalen Ordnung, insbesondere der Entkolonialisierung, bildet sich ein weltweiter Erwartungshorizont für den Grad der Entwicklung heraus. In diesem Bezugshorizont werden verschiedene Einheiten (Nationen, Provinzen, Individuen) miteinander vergleichbar. Das Entwicklungssystem hat einen universalistischen Gehalt und transzendiert nationale Grenzen. Die Weltgesellschaft schreibt er dem Typus einer Gesellschaft ohne Staat zu, die durch Dezentralität und eine hohe kulturelle Heterogenität gekennzeichnet ist.

Für Meyer und sein Forschungsteam stellt die Weltgesellschaft ein institutionalisiertes Koordinatensystem dar, das in der globalen Dimension Strukturmuster, Normen und Regeln erzeugt. Nationalstaaten, Organisationen und Individuen sind Träger, über die Definitionen, Prinzipien und Handlungsschemata verbreitet werden, die auf lokale Kontexte einwirken. Diese Schemata sind hinreichend abstrakt, um sie unabhängig von Ort und Zeit überall auf der Welt anzuwenden und ihnen universale Geltung zu unterstellen. Im Verhältnis zu Heintz ist in dieser Vorstellung von Gesellschaft Standardisierung akzentuierter.

Für Luhmann ist die moderne Gesellschaft im Unterschied zu ihrer alteuropäischen Vorgängerin eine Weltgesellschaft. Aufgrund der Form der funktionalen Differenzierung der gesellschaftlichen Teilsysteme stellt nicht mehr eine territoriale Einheit, sondern Weltgesellschaft den Bezugsrahmen für die Anschließbarkeit von Kommunikation dar. Die strukturellen Komponenten hierfür sind funktionale Differenzierung, Organisation und Verbreitungsmedien.

Heintz, Meyer und Luhmann postulieren ein Makrosystem, das sie als Gesellschaft bezeichnen. In der Koppelung von weltweitem Erwartungshorizont und Gesellschaftskonzept liegt ein entscheidender Unterschied zu vielen Ansätzen, die sich unter dem Dach der Globalisierungsforschung finden. Insofern laden die drei Konzepte zu einer Auseinandersetzung über den theoretischen Status des Gesellschaftsbegriffs in der gegenwärtigen Soziologie ein. Die Zurückhaltung gegenüber der Vorstellung der Weltgesellschaft ergibt sich oftmals daraus, diese angesichts der weltweiten Ungleichheit, Heterogenität und Inkongruenz nicht als Gesellschaft bestimmen zu wollen. Eine Herausforderung der Theorie der Weltgesellschaft besteht für Stichweh daher gerade auch darin zu zeigen, »daß sich extreme Ungleichheiten als Innendifferenzierung eines Sozialsystems analysieren lassen« (vgl. Stichweh 1998a: 173).

Ausgehend vom Weltgesellschaftsbegriff läßt sich wiederum an die Adresse der Globalisierungsforschung die Frage stellen, wie die jeweiligen Ansätze den Gesellschaftsbegriff, sofern sie ihn verwenden, theoretisch fassen, und wie sie die Relation zwischen lokalen und globalen Einheiten etwa im politischen System konzipieren, ohne das Konzept des Staates ungeklärt auf der nationalen Ebene zurückzulassen (vgl. Luhmann 1997: Kap. 1). Darüber hinaus bieten Konzepte der Weltgesellschaft weitere Schnittmengen mit Problemstellungen der Allgemeinen Soziologie:

1. Insbesondere Meyer und Luhmann behandeln das Ver-

hältnis von Gesellschaft und Organisation. Ihre unterschiedliche Konzipierung von Organisation und gesellschaftlichen Einflüssen haben Raimund Hasse und Georg Krücken (1996: 100) mit Abschottung organisationaler Prozesse (Systemtheorie) und Öffnung (Neo-Institutionalismus) gegenüber der Umwelt charakterisiert und für eine stärkere wechselseitige Wahrnehmung der theoretischen Richtungen argumentiert. Aus unserer Einführung geht hervor, daß das Weltgesellschaftskonzept Luhmanns gesellschaftstheoretisch außerordentlich elaboriert ist. Der größere Zusammenhang des Neo-Institutionalismus und seine Organisationsforschung bieten indes viele Anregungen, um Organisationen als Träger der Differenzierungsprozesse in Teilsystemen in anderer Weise zu berücksichtigen (vgl. ebd.: 100f.).

2. Fragen von Differenzierung und Integration (vgl. Lockwood 1971; Schimank 1996) spielen in der Perspektive der Weltgesellschaft eine wichtige Rolle. Stichweh spricht von fortschreitender Differenzierung und Verallgemeinerung, Integration stellt sich als Wechselwirkung des Differenten dar (vgl. 1998a). Meyers Arbeiten bieten in vielerlei Hinsichten eine empirische Fundierung für diesen Prozeß von Verallgemeinerung und Spezifizierung, insbesondere die Studien zu *citizenship* und Menschenrechten zählen hierzu. Anknüpfend an die Arbeiten von Soysal und Boli/Thomas kommen die Nicht-Regierungsorganisationen als Träger neuer Vernetzungen in Frage, die *Verflechtungszusammenhänge realisieren* und die *Generierung eines Zusammenhalts* sichern (vgl. ebd.). Nicht-Regierungsorganisationen sind inzwischen in einem hohen Maße die Organisationstypen, in denen Funktionseliten universale und standardisierbare Muster etc. umsetzen. Der Neo-Institutionalismus hat den Vorteil, diese Transformationsprozesse innerhalb von Organisationen, unter Organisationen und zwischen Organisation und gesellschaftlicher Umwelt untersuchen zu können. Damit bietet er eine soziale Empirie der Weltgesellschaft, die der Systemtheorie erklärtermaßen mangelt.

Diese Einführung muß viele weitere Fragen ungeklärt lassen. Hierzu zählt vor allem die Frage nach der Genese der Weltgesellschaft. Ist soziologisch bereits von einer Weltgesellschaft zu sprechen, sobald historisch eine der Bedingungen wie etwa in Form eines Weltmarktes gegeben ist? Oder ist im Gegenteil von der Konsolidierung der Weltgesellschaft erst im 20. Jahrhundert zu sprechen (vgl. Stichweh 1999b)? Ebenfalls gehört hierher die Frage, wie sich historisch die Herausbildung der Weltgesellschaft rekonstruieren läßt und welche analytische Schärfe dabei dem Gesellschaftsbegriff zukommt, will man ihn in der Systemtheorie weiter benutzen (vgl. Firsching 1998).

Dieses Spektrum der Weltgesellschaftskonzepte stellt ein Universum konzeptioneller Debatten und empirischer Analysen dar, das als Lernchance für die Soziologie aufgegriffen werden kann. Insbesondere die Arbeiten der Forschungsgruppe um Meyer bieten ein Anregungspotential empirischer Fundierung und theoretischer Entwicklung, das bislang in der deutschsprachigen Soziologie kaum wahrgenommen worden ist. Das Konzept ›Weltgesellschaft‹ verspricht insgesamt Anregungen für Diskurse, die bisher eher getrennt voneinander verliefen. Diese Erweiterung des Diskurses steht noch aus, aber man darf darauf gespannt sein.

Anmerkungen

1 Matthias Döbler, Beate Fietze, Karsten Fischer, Gerdien Jonker, Wolf-Hagen Krauth und Gero Lenhardt haben das Manuskript mit Kommentar und Kritik versehen; ein ganz besonderer Dank geht hierbei an Bettina Heintz, die mir viele Fenster im Theoriegebäude ihres Bruders öffnete.

2 Alex Inkeles reagierte bereits 1975 auf diese inzwischen weit verbreitete Sicht mit großer Zurückhaltung: »They see this new form of social organization [multinationale Firmen] as exercising economic power on a scale of magnitude and coordination so great as to make its heads more powerful than any set of national rulers – indeed, to make them the cadre of a new form of world government. Against this image however one must balance the evidence of continuing and effective exercise of the ultimate power of the state [...]« (Inkeles 1975: 493f.).

3 Ulrich Beck bestimmt folgendermaßen: »Weltgesellschaft verweist auf eine Art *Neue Welt*, eine Art unerforschten Kontinent, welcher sich im transnationalen Niemandsland, im Zwischenraum zwischen den Nationalstaaten und Nationalgesellschaften auftut. Folge ist: Es öffnet sich eine *Machtdifferenz* zwischen nationalstaatlicher Po-

litik und weltgesellschaftlichen Handlungsmöglichkeiten«
(1997: 182). Angesichts der bereits vorliegenden Studien
zur politischen und kulturellen Konstitution der Weltgesellschaft (Meyer 1980; Thomas/Meyer/Boli 1987; Boli/
Thomas 1999) ist die Rede vom *unerforschten Kontinent*
nicht sehr überzeugend. Beck benutzt ›Weltgesellschaft‹
manchmal als deskriptiven (Weltgesellschaft als nicht
demokratisch legitimierte Politik im Bedeutungsfeld vom
politikwissenschaftlichen Begriff des internationalen Systems) oder als antizipatorischen Begriff (Neue Welt).

4 Die Einengung auf kleinere Interaktionsfelder ist gegenwärtig beispielsweise in der Zunahme ethnischer Rhetori-
ken aktuell oder in dem Paradox von De- und Re-Natio-
nalisierung in Europa. Der Begriff der Weltgesellschaft
sollte Heintz zufolge als ein Instrumentarium genutzt
werden, um enge Konzepte zu überwinden. Hierzu zählte
für ihn etwa der Begriff des »intergouvernementalen Systems«, also das internationale System als eines der zen-
tralen Konzepte der Politikwissenschaft.

5 Mit der *Theorie sozietaler Systeme* beabsichtigt Heintz die
Formulierung einer allgemeinen soziologischen Theorie
sozialer Systeme, während seine Entwicklungstheorie als
Theorien mittlerer Reichweite (vgl. Heintz 1969, 1972:
14ff.) konzipiert ist. Im Rahmen der *Theorie sozietaler Systeme* entwickelt er systematische Annahmen über die Interrelation zwischen verschiedenen Systemebenen in der
Form der Spannungsinduktion von einer höheren zu einer
niedrigeren Systemebene und des Spannungstransfers,
der z.B. in der Migration zum Ausdruck kommt (vgl.
Heintz 1972, Teil I: 14ff., 127ff.; Heintz 1962). Die *Theorie
der strukturellen Spannung* enthält die These, daß soziale
Strukturverhältnisse eine endogene Dynamik des Wandels generieren, aus dem sich für Akteure *Rückkoppe-
lungseffekte* und *strukturelle Chancen* ergeben (vgl. Heintz
1969, 1972, 1974a, 1974b).

6 Das Schicksal des Forschungszusammenhangs nach dem
Tod von Heintz am Zürcher Institut für Soziologie ist
ein interessanter Fall für Fragen zur Schulenbildung
und zum Wissenstransfer im Schulenzusammenhang.

7 Insofern trifft Stichwehs Feststellung auch die soziologische Systemtheorie: »However, as far as existing literature is concerned, one can see that there is much general

theorizing on ›world systems‹ and ›globalization‹, but not many specific studies on more circumscribed function systems have yet been published« (Stichweh 1996: 328).

8 Heintz entwickelte für diese Fragen ein codetheoretisches Konzept. Der alltagstheoretische Code dient zur Darstellung von Verarbeitung und ist die Voraussetzung für den Informationsaustausch. Der kulturelle Code stellt hierfür einen Satz »konstituierender Prinzipien oder Regeln« (Heintz 1974c: 25) zur Verfügung, um Aspekte der Wirklichkeit in ein Symbolsystem transformieren zu können. Der Code bietet also ein Selektionsinstrument, das den Aufbau und die Benutzung von Bildern steuert. Die Fragen, für die Heintz einen codetheoretischen Rahmen entwickelte, bearbeitete die Gruppe von Meyer mit einem institutionalistischen Konzept und Luhmann mit seiner Kommunikationstheorie.

9 David Strang hat in seiner ereignisanalytischen Studie der Dekolonialisierung die Koppelung von Entkolonialisierung und Expansion von Rechten analysiert. Er kommt zu dem Ergebnis, daß nach 1960 insbesondere nach der Erklärung der Vereinten Nationen zum Selbstbestimmungsrecht (Strang 1990: 850, 854, 857) die Ausbreitung und Differenzierung der Rechte rasant zugenommen haben.

Literatur

Die mit * versehenen Titel sind Empfehlungen zur weiteren Vertiefung des Themas.

* ALBROW, MARTIN / KING, ELISABETH (Hg.) (1990): *Globalization, Knowledge and Society*, London: Sage.

ALTVATER, ELMAR / MAHNKOPF, BIRGIT (1997): *Grenzen der Globalisierung. Ökonomie, Ökologie und Politik in der Weltgesellschaft*, Münster: Westfälisches Dampfboot.

ANDERSON, BENEDICT (1988): *Die Erfindung der Nation. Zur Karriere eines erfolgreichen Konzepts*, Frankfurt / M., New York / NY: Campus.

* BARALDI, CLAUDIO / CORSI, GIANCARLO / ESPOSITO, ELENA (1997): *GLU, Glossar zu Niklas Luhmanns Theorie sozialer Systeme*, Frankfurt / M.: Suhrkamp.

BECK, ULRICH (1997): *Was ist Globalisierung?*, Frankfurt/M.: Suhrkamp.

BECK, ULRICH (Hg.) (1998): *Perspektiven der Weltgesellschaft*, Frankfurt/M.: Suhrkamp.

* BENDIX, REINHARD (1977): *Nation-Building and Citizenship. Studies of Our Changing Social Order*, Berkeley/CA: University of California Press.

BERGER, PETER L./LUCKMANN, THOMAS (1969): *Die gesellschaftliche Konstruktion der Wirklichkeit. Eine Theorie der Wissenssoziologie*, Frankfurt/M.: Fischer.

BERGESEN, ALBERT (Hg.) (1980): *Studies of the Modern World System*, New York/NY: Academic Press.

BERGESEN, ALBERT (1990): »Turning World-System Theory on its Head«. *Theory, Culture & Society* 7, S. 67–82.

BERKOVITCH, NITZA (1998): »Women's Alternative Path to Citizenship: An Examination of Global Employment Policy«. In: McNEELY (Hg.) 1998, S. 81–105.

BERKOVITCH, NITZA (1999a): *From Motherhood to Citizenship: Women's Rights and International Organizations*, Baltimore/MD: Johns Hopkins University Press.

* BERKOVITCH, NITZA (1999b): »The Emergence and Transformation of the International Women's Movement«. In: BOLI/THOMAS (Hg.) 1999, S. 100–126.

BOECKH, ANDREAS (Hg.) (1994): »Internationale Beziehungen«. In: DIETER NOHLEN (Hg.) 1992–1998: *Lexikon der Politik*, Bd. 6, München: C.H.Beck.

BOLI, JOHN (1987): »Human Rights or State Expansion?«. In: THOMAS/MEYER/BOLI (Hg.) 1987, S. 133–149.

BOLI, JOHN (1998): »Rights and Rules: Constituting World Citizens«. In: McNEELY (Hg.) 1998, S. 371–393.

* BOLI, JOHN/THOMAS, GEORGE M. (1997): »World Culture in the World Polity: A Century of International Non-Governmental Organization«. *American Sociological Review* 62, 171–190.

BOLI, JOHN/THOMAS, GEORGE M. (Hg.) (1999): *Constructing World Culture. International Nongovernmental Organizations since 1875*, Stanford/CA: Stanford University Press.

* BOLI-BENNETT, JOHN (1980a): »Global Integration and the Universal Increase of State Dominance, 1910–1970«. In: BERGESEN (Hg.) 1980, S. 77–107.

* BOLI-BENNETT, JOHN (1980b): »The Ideology of Expanding

State Authority in National Conditions, 1870–1970«. In: BERGESEN (Hg.) 1980, S. 222–237.

BORNSCHIER, VOLKER (1980): *Multinationale Konzerne, Wirtschaftspolitik und nationale Entwicklung im Weltsystem,* Frankfurt/M., New York/NY: Campus.

BORNSCHIER, VOLKER (1984): »Weltsystem«. In: ANDREAS BOECKH (Hg.), *Internationale Beziehungen,* in: DIETER NOHLEN (Hg.) 1983–1987, *Pipers Wörterbuch zur Politik,* Bd. 5, München, Zürich: Piper, S. 535–541.

BORNSCHIER, VOLKER (1994): »Weltsystem«. In: BOECKH (Hg.) 1994, S. 615–622.

BORNSCHIER, VOLKER (1996): »Weltgesellschaft«. In: GERD REINHOLD (Hg.), *Soziologie-Lexikon,* (3. überarb. u. erweiterte Aufl.), München, Wien: Oldenbourg, S. 717–721.

BORNSCHIER, VOLKER/CHASE-DUNN, CHRISTOPHER (1984): *Transnational Corporations and Underdevelopment,* New York/NY: Praeger.

BORNSCHIER, VOLKER/CHASE-DUNN, CHRISTOPHER/RUBINSON, ROBERT (1978): »Cross-National Evidence of the Effects of Foreign Investment and Aid on Economic Growth and Inequality: A Survey of Findings and a Realanalysis«. *American Journal of Sociology* 84, S. 651–683.

* BORNSCHIER, VOLKER/LENGYEL, PETER (Hg.) (1990): *World society studies 1,* Frankfurt/M., New York/NY: Campus.

* BORNSCHIER, VOLKER/LENGYEL, PETER (Hg.) (1992): *World society studies 2,* Frankfurt/M., New York/NY: Campus.

* BROCK, LOTHAR/ALBERT, MATHIAS (1995): »Entgrenzung der Staatenwelt. Zur Analyse weltgesellschaftlicher Entwicklungstendenzen«. *Zeitschrift für internationale Beziehungen,* S. 259–285.

BROCK, LOTHAR ET AL. (1996): »Weltgesellschaft: Identifizierung eines ›Phantoms‹«. *Politische Vierteljahresschrift* 7, S. 5–26.

BRUBAKER, ROGERS W. (1994): *Staats-Bürger. Frankreich und Deutschland im historischen Vergleich,* Hamburg: Hamburger Edition.

CALHOUN, CRAIG (1992): »The Infrastructure of Modernity. Indirect Social Relationships, Information Technology, and Social Integration«. In: HANS HAFERKAMP/NEIL J. SMELSER (Hg.), *Social Change and Modernity,* Berkeley et al./CA: University of California Press, S. 205–236.

COOK, REBECCA J. (Hg.) (1994): *Human Rights of Women, Na-*

tional and International Perspective, Philadelphia/PA: University of Pennsylvania Press.

DALEY, CAROLINE/NOLAN, MELANIE (Hg.) (1994): *Suffrage and Beyond: International Feminist Perspectives*, New York/NY, New York University Press.

DEUTSCH, KARL W. (1966): *Nationalism und Social Communication: An Inquiry into the Foundations of Nationality*, Cambridge/MA: MIT Press.

DEUTSCHE GESELLSCHAFT FÜR DIE VEREINTEN NATIONEN (DGVN) (Hg.) (1994): »Aktionsprogramm der Konferenz der Vereinten Nationen über Bevölkerung und Entwicklung (ICPD) vom 5.–13.9.1994 in Kairo«. *Blaue Reihe* 54, Bonn: UNO-Verlag.

DURKHEIM, ÉMILE (1893/1988): *Über soziale Arbeitsteilung. Studien über die Organisation höherer Gesellschaften.* Einleitung Niklas Luhmann und Nachwort Hans-Peter Müller und Michael Schmid, Frankfurt/M.: Suhrkamp.

DURKHEIM, ÉMILE (1895/1991): *Die Regeln der soziologischen Methode.* Hg. und eingeleitet von René König, Frankfurt/M.: Suhrkamp.

ESSER, HARTMUT (1993): *Soziologie. Allgemeine Grundlagen*, Frankfurt/M., New York/NY: Campus.

* FASSMANN, HEINZ/MÜNZ, RAINER (Hg.) (1996): *Migration nach Europa. Historische Entwicklung, aktuelle Trends, politische Reaktionen*, Frankfurt/M., New York/NY: Campus.

* FIETZE, BEATE (1997): »1968 als Symbol der ersten globalen Generation«. *Berliner Journal für Soziologie* 7, S. 365–386.

FINNEMORE, MARTHA (1993): »International Organizations as Teachers of Norms: UNESCO and Science Policy«. *International Organizations* 47, S. 565–597.

FINNEMORE, MARTHA (1996): *National Interests in International Society*, Ithaca/NY: Cornell University Press.

FIRSCHING, HORST (1998): »Ist der Begriff Gesellschaft theoretisch haltbar? Zur Problematik des Gesellschaftsbegriffs in Niklas Luhmanns: Die Gesellschaft der ›Gesellschaft‹«. *Soziale Systeme* 4, S. 161–173.

* FUCHS-HEINRITZ, WERNER ET AL. (1995): *Lexikon zur Soziologie*, 3. völlig bearb. und erw. Aufl., durchgesehener Nachdruck, Opladen: Westdeutscher Verlag.

FUENZALIDA, EDMUNDO F. (1980): »Die Entstehung der wissenschaftlichen Soziologie in Chile«. In: HISCHIER/LEVY/OBRECHT (Hg.) 1980, S. 593–607.

GESER, HANS (1983): »In Memoriam Professor Peter Heintz«. *Schweizerische Zeitschrift für Soziologie* 9, S. 1–12.

GIDDENS, ANTHONY (1990): *The Consequences of Modernity*, London: Polity Press.

GIEGEL, HANS-JOACHIM (Hg.) (1998): *Konflikt in modernen Gesellschaften*, Frankfurt/M.: Suhrkamp.

GOFFMAN, ERVING (1967): *The Presentation of Self in Everyday Life*, New York/NY: Doubledy Anchor Books.

* GRAWERT, ROLF (1973): *Staat und Staatsangehörigkeit. Verfassungsgeschichtliche Untersuchung zur Entstehung der Staatsangehörigkeit*, Berlin: Dunker & Humblot.

HASSE, RAIMUND/KRÜCKEN, GEORG (1996): »Was leistet der organisationssoziologische Neo-Institutionalismus? Eine theoretische Auseinandersetzung mit besonderer Berücksichtigung des wissenschafltichen Wandels«. *Soziale Systeme* 2, S. 91–112.

HASSE, RAIMUND/KRÜCKEN, GEORG (1999): *Neo-Institutionalismus*, Bielefeld: transcript.

HEINTZ, BETTINA (1999): »Gemeinschaft ohne Nähe? Virtuelle Gruppen und reale Netze«. In: UDO THIEDECKE (Hg.), *Virtuelle Gruppen. Charakteristika und Problemdimensionen*, Opladen: Westdeutscher Verlag, S. 188–218.

* HEINTZ, BETTINA/NADAI, EVA (1998): »Geschlecht im Kontext. De-Institutionalisierungsprozesse und geschlechtliche Differenzierung«. *Zeitschrift für Soziologie* 27, S. 75–93.

HEINTZ, BETTINA/OBRECHT, WERNER (1980): »Die sanfte Gewalt der Familie. Mechanismen und Folgen der Reproduktion der traditionellen Familie«. In: HISCHIER/LEVY/OBRECHT (Hg.) 1980, S. 447–472.

HEINTZ, PETER (1962): *Einführung in die soziologische Theorie*, Stuttgart: Ferdinand Enke.

HEINTZ, PETER (1969): *Ein soziologisches Paradigma der Entwicklung mit besonderer Berücksichtigung Lateinamerikas*, Stuttgart: Ferdinand Enke.

HEINTZ, PETER (Hg.) (1972): *A Macrosociological Theory of Societal Systems. With Special Reference to the International System*, 2 Bde., Bern et al.: Huber.

HEINTZ, PETER (1973): »Theoretische und methodologische Probleme der Analyse von Entwicklungsgesellschaften«. In: GÜNTER ALBRECHT/HANSJÜRGEN DAHEIM/FRITZ SACK (Hg.), *Soziologie. Sprache. Bezug zur Praxis. Verhältnis zu anderen Wissenschaften. René König zum 65. Geburtstag*, Opladen: Westdeutscher Verlag, S. 155–166.

HEINTZ, PETER (1974a): *Die Zukunft der Entwicklung*, Bern et al.: Huber.

HEINTZ, PETER (1974b): »Der heutige Strukturwandel der Weltgesellschaft in der Sicht der Soziologie«. *Universitas* 29, S. 449–456.

HEINTZ, PETER (1974c): »Code für Information über die Sozialstruktur der Welt«. *Schweizerisches Jahrbuch für Politische Wissenschaft*, S. 25–41.

* HEINTZ, PETER (1976a): »Strategien organisationeller Eliten zur Strukturierung der Umwelt«. *Schweizerische Zeitschrift für Soziologie* 3, S. 3–17.

HEINTZ, PETER (1976b): »Sozio-ökonomische und politische Indikatoren für die Beschreibung der Weltgesellschaft«. In: HANS-JOACHIM HOFFMANN-NOWOTNY (Hg. unter Mitarbeit von Matthias U. Peters u. Peter G. Zeugin), *Soziale Indikatoren – Interdisziplinäre Beiträge zu einer neuen praxisorientierten Forschungsrichtung*, Frauenfeld: Huber, S. 125–138.

* HEINTZ, PETER (1980a): »Heutige Trends im Wandel der Weltgesellschaft in soziologischer Sicht«. *Universitas* 35, S. 1121–1127.

HEINTZ, PETER (1980b): »Eine Theorie der strukturellen Determinanten politischer Kultur«. In: HARALD NIEMEYER (Hg.), *Soziale Beziehungsgeflechte. Festschrift für Hans Winkmann zum 65. Geburtstag*, Berlin: Duncker & Humblot, S. 77–96.

HEINTZ, PETER (1980c): »The Study of World Society: Some Reasons Pro and Contra«. In: HANS-HENRIK HOLM / ERIK RUDENG (Hg.), *Social Science – For What? Festschrift für J. Galtung*, Oslo: Norwegian University Press, S. 97–100.

* HEINTZ, PETER (1981): »Subjektive und institutionalisierte Werte in der Gegenwartsgesellschaft«. In: HEINE VON ALEMANN / HANS PETER THURN (Hg.), *Soziologie in weltbürgerlicher Absicht. Festschrift für René König zum 75. Geburtstag*, Opladen: Westdeutscher Verlag, S. 158–174.

HEINTZ, PETER (1982a): *Die Weltgesellschaft im Spiegel von Ereignissen*, Diessenhofen: Rüegger.

HEINTZ, PETER (1982b): *Ungleiche Verteilung, Macht und Legitimität. Möglichkeiten und Grenzen der strukturtheoretischen Analyse*, Diessenhofen: Rüegger.

HEINTZ, PETER (1982c): »A Sociological Code for the Description of World Society and its Change«. *International Social Science Journal* 34, S. 12–21.

HEINTZ, PETER/OBRECHT, WERNER (1977): »Structure and Structural Change of World Society«. *International Review of Community Development* 37/18, S. 1–18.

HEINTZ, PETER/HISCHIER, GUIDO (1983): »Nationale Entwicklung und Integration in die Weltwirtschaft im Lichte von Regimetypen und deren Sequenzen in Entwicklungsländern«. In: HEINTZ/MEIER-DALLACH (Hg.) 1983, S. 205–235.

HEINTZ, PETER/MEIER-DALLACH, HANS-PETER (Hg.) (1983): *Endogene Entwicklung: Wirklichkeit und Ideologie*, Diessenhofen: Rüegger.

HEINTZ, PETER ET AL. (1978): »Strukturelle Bedingungen von sozialen Vorurteilen«. In: ANITA KARSTEN (Hg.) 1978, *Vorurteil*, Darmstadt: Wissenschaftliche Buchgesellschaft, S. 321–350.

HELD, THOMAS/LEVY, RENÉ (1974): *Die Stellung der Frau in Familie und Gesellschaft. Eine soziologische Analyse am Beispiel der Schweiz*, Frauenfeld, Stuttgart: Huber.

HERZKA, MICHAEL (1995): *Die Menschenrechtsbewegung in der Weltgesellschaft*, Bern, Berlin: Peter Lang.

HISCHIER, GUIDO/LEVY, RENÉ/OBRECHT, WERNER (Hg.) (1980): *Weltgesellschaft und Sozialstruktur. Festschrift zum 60. Geburtstag von Peter Heintz*, Diessenhofen: Rüegger.

HOFFMANN-NOWOTNY, HANS-JOACHIM (1970): *Migration*, Stuttgart: Ferdinand Enke

HOFFMANN-NOWOTNY, HANS-JOACHIM (1972): *Soziologie des Fremdarbeiterproblems*, Stuttgart: Ferdinand Enke.

HORSTER, DETLEF (1997): *Niklas Luhmann*. München: C.H. Beck.

HUSSERL, EDMUND (1993): *Ideen zu einer reinen Phänomenologie und phänomenologischen Erkenntnis*, Nachdruck von 1922, 5. Aufl., Tübingen: Niemeyer.

INKELES, ALEX (1975): »The Emerging Social Structure of the World«. *World Politics* 27, S. 467–495.

JEPPERSON, RONALD L. (1991): »Institutions, Institutional Effects, and Institutionalism«. In: POWELL/DIMAGGIO (Hg.) 1991a, S. 143–163.

JOPPKE, CHRISTIAN (1999): »Einwanderung und Staatsbürgerschaft in den USA und Deutschland«. *Kölner Zeitschrift für Soziologie und Sozialpsychologie* 51, S. 34–54.

* KASPERSEN, LARS BO (1998): »State and Citizenship under Transformation in Western Europe«. In: McNEELY (Hg.) 1998, S. 125–149.

* KIMMINICH, OTTO (1974): »Globalisierung«. In: JOACHIM RITTER (Hg.), *Historisches Wörterbuch der Philosophie*, Bd. 3, Darmstadt: Wissenschaftliche Buchgesellschaft, S. 675–678.

* KIMMINICH, OTTO (1993): *Einführung in das Völkerrecht*, 5. Aufl., Tübingen, Basel: Francke.

KLINGEBIEL, RUTH / RANDERIA, SHALINI (Hg.) (1998): *Globalisierung aus Frauensicht. Bilanzen und Visionen*, Bonn: J.H.W. Dietz Nachf.

KNEER, GEORG / NASSEHI, ARMIN (1993): *Niklas Luhmanns Theorie sozialer Systeme. Eine Einführung*, München: Wilhelm Finck.

LEPSIUS, M. RAINER (1990): *Interessen, Ideen und Institutionen*, Opladen: Westdeutscher Verlag.

LOCKWOOD, DAVID (1971): »Soziale Integration und Systemintegration«. In: WOLFGANG ZAPF (Hg.), *Theorien des sozialen Wandels*, Köln, Berlin: Kiepenheuer & Witsch, S. 124–137.

LUHMANN, NIKLAS (1970): *Soziologische Aufklärung 1. Aufsätze zur Theorie sozialer Systeme*, Opladen: Westdeutscher Verlag.

LUHMANN, NIKLAS (1970a): »Soziale Aufklärung«. In: DERS. 1970, S. 66–91.

LUHMANN, NIKLAS (1970b): »Gesellschaft«. In: DERS. 1970, S. 137–153.

LUHMANN, NIKLAS (1970c): »Institutionalisierung – Funktion und Mechanismus im sozialen System der Gesellschaft«. In: HELMUT SCHELSKY (Hg.) 1970, S. 28–41.

LUHMANN, NIKLAS (1971 / 1975): »Die Weltgesellschaft«. In: DERS. 1975, *Soziologische Aufklärung 2. Aufsätze zur Theorie der Gesellschaft*, Opladen: Westdeutscher Verlag, S. 51–71.

LUHMANN, NIKLAS (1975): »Interaktion, Organisation, Gesellschaft«. In: DERS. 1975, *Soziologische Aufklärung 2. Aufsätze zur Theorie der Gesellschaft*, Opladen: Westdeutscher Verlag, S. 9–20.

* LUHMANN, NIKLAS (1982): »The Differentiation of Society«. In: DERS. 1982, *The Differentiation of Society*, New York/ NY: Columbia University Press, S. 229–254.

* LUHMANN, NIKLAS (1983): *Rechtssoziologie*. Opladen: Westdeutscher Verlag.

LUHMANN, NIKLAS (1984): *Soziale Systeme. Grundriß einer allgemeinen Theorie*, Frankfurt/M.: Suhrkamp.

LUHMANN, NIKLAS (1990): *Die Wissenschaft der Gesellschaft*, Frankfurt/M.: Suhrkamp.

* LUHMANN, NIKLAS (1991): »Das Moderne der modernen Gesellschaft«. In: ZAPF (Hg.) 1991, S. 87–107.

* LUHMANN, NIKLAS (1993): *Das Recht der Gesellschaft*, Frankfurt/M.: Suhrkamp.

LUHMANN, NIKLAS (1997), *Die Gesellschaft der Gesellschaft*, 2 Bde., Frankfurt/M.: Suhrkamp.

LUHMANN, NIKLAS (1998): »Der Staat des politischen Systems. Geschichte und Stellung in der Weltgesellschaft«. In: BECK (Hg.) 1998, S. 345–380.

MARCH, JAMES G./OLSEN, JOHAN P. (1989): *Rediscovering Institutions*, New York/NY: Free Press.

* MARSHALL, THOMAS H. (1949/1992): »Staatsbürgerrechte und soziale Klassen«. In: DERS. 1992, *Bürgerrechte und soziale Klassen. Zur Soziologie des Wohlfahrtsstaates*. Übersetzt und mit einem Vorwort versehen von Elmar Rieger, Frankfurt/M., New York/NY: Campus, S. 33–94.

MATURANA, HUMBERTO (1982): *Erkennen: Die Organisation und Verkörperung von Wirklichkeit*, Braunschweig, Wiesbaden: Vieweg.

MAYNTZ, RENATE/SCHARPF, FRITZ (1995): »Der Ansatz des akteurzentrierten Institutionalismus«. In: DIES. (Hg.), *Gesellschaftliche Selbstregelung und politische Steuerung*, Frankfurt/M., New York/NY: Campus, S. 39–72.

McNEELY, CONNIE L. (Hg.) (1998): *Public Rights, Public Rules: Constituting Citizens in the World Polity and in National Policy*, New York/NY: Garland.

* MEEHAN, ELIZABETH (1993): *Citizenship in the European Community*, London: Sage.

MEIER-DALLACH, HANS-PETER (1983): »Einleitung. Abnehmende oder sich wandelnde Bedeutung des Entwicklungsproblems?, in memoriam Peter Heintz«. In: HEINTZ/MEIER-DALLACH (Hg.) 1983, S. 1–11.

* MERTON, ROBERT K. (1967/1976): »Social Structure and Anomie«. In: DERS. 1976, *Social Theory and Social Structure*, 11. Aufl., New York/NY: Free Press, S. 131–160.

MERTON, ROBERT K. (1995): »Einflußmuster: Lokale und kosmopolitische Einflußreiche«. In: DERS., *Soziologische Theorie und soziale Struktur*. Eingeleitet von Volker Meja und Nico Stehr, Berlin, New York/NY: de Gruyter.

MEYER, JOHN W. (1977): »The Effects of Education as an Institution«. *American Journal of Sociology* 83, S. 55–77.

MEYER, JOHN W. (1980): »The World Polity and the Authority of the Nation-State«. In: ALBERT BERGESEN (Hg.) 1980, *Studies of the Modern World System*, New York/NY: Academic Press, S. 109–137.

MEYER, JOHN W. (1987): »The World Polity and the Authority of the Nation-State«. In: THOMAS/MEYER/BOLI (Hg.) 1987, S. 41–70.

MEYER, JOHN W./BOLI, JOHN/THOMAS, GEORGE M. (1987): »Ontology and Rationalization in the Western Cultural Account«. In: THOMAS/MEYER/BOLI (Hg.) 1987, S. 12–37.

MEYER, JOHN W./HANNAN, MICHAEL T. (Hg.) (1979a): *National Development and the World System. Educational, Economic, and Political Change, 1950–1970*, Chicago/IL, London: University of Chicago Press.

MEYER, JOHN W./HANNAN, MICHAEL T. (Hg.) (1979b): »National Development in a Changing World System: An Overview«. In: DIES. (Hg.) 1979a, S. 3–16.

MEYER, JOHN W./HANNAN, MICHEL T. (1979c): »Issues for Further Comparative Research«. In: DIES (Hg.) 1979a, S. 297–308.

MEYER, JOHN W. ET AL. (1979): »The World Education Revolution, 1950–1970«. In: MEYER/HANNAN (Hg.) 1979a, S. 37–55.

MEYER, JOHN W./KAMENS, DAVID/BENAVOT, AARON (1992): *School Knowledge for the Masses: World Modells and National Curricular Catogeries in the Twentieth Century*, Philadelphia/PA: Falmer.

MEYER, JOHN W./RAMIREZ, FRANCISCO O./SOYSAL, YASEMIN N. (1992): »World Expansion and Mass Education«. *Sociology of Education* 65, S. 128–149.

MEYER, JOHN W./ROWAN, BRIAN (1977): »Institutionalized Organizations: Formal Structures as Myth and Ceremony«. In: POWELL/DIMAGGIO (Hg.) 1991a, S. 41–62.

MEYER, JOHN W./SCOTT, RICHARD W. (1992): *Organizational Environments. Ritual and Rationality*, (aktual. Aufl.), Newbury Park/CA, London: Sage.

MEYER, JOHN W. ET AL. (1997): »World Society and the Nation-State«. *American Journal of Sociology* 103, S. 144–181.

MEYER-FEHR, PETER (1978): Bestimmungsfaktoren des Wirtschaftswachstums von Nationen. *Bulletin des Soziologischen Instituts der Universität Zürich* 34, S. 1–105.

* MEYER-FEHR, PETER (1980): »Internationale Rezeption der Arbeiten von Peter Heintz und anderen Schweizer Soziologen«. In: HISCHIER/LEVY/OBRECHT (Hg.) 1980, S. 631–647.

MOORE, WILBERT E. (1966): »Global Sociology: The World as a Singular System«. *American Journal of Sociology* 71, S. 475–482.

NASSEHI, ARNIM (1998): »Die ›Welt‹-Fremdheit der Globalisierungsdebatte. Ein phänomenologischer Versuch«. *Soziale Welt* 49, S. 151–166.

* NEDELMANN, BIRGITTA (Hg.) (1995a): *Politische Institutionen im Wandel*. Sonderheft der Kölner Zeitschrift für Soziologie und Sozialpsychologie, Opladen: Westdeutscher Verlag.

NEDELMANN, BIRGITTA (1995b): »Gegensätze und Dynamik politischer Institutionen«. In: DIES. (Hg.) 1995a, S. 15–40.

* NELSON, BARBARA/CHOWDHURY, NAJMA (Hg.) (1994): *Women and Politics Worldwide*, New Haven/London: Yale University Press.

NOWAK, MANFRED/LUDWIG BOLTZMANN INSTITUTE OF HUMAN RIGHTS (Hg.) (1994): *World Conference on Human Rights Vienna, June 1993. The Contributions of NGOs, Reports and Documents*, Wien: Manzsche Verlags- und Universitätsbuchhandlung.

OTTE, ROLAND (1998): *Das Interesse von Immigranten an der deutschen Staatsbürgerschaft im Spannungsverhältnis von Rechtstatus und Identität*, Diplomarbeit, Institut für Soziologie der Freien Universität Berlin, Berlin.

PARSONS, TALCOTT (1985): *Das System moderner Gesellschaften*, Weinheim, München: Juventa.

PLATA, MARÍA ISABEL (1994): »Reproductive Rights as Human Rights: The Colombian Case«. In: COOK (Hg.) 1994, S. 515–531.

POWELL, WALTER W./DIMAGGIO, PAUL J. (1991): *The new Institutionalism in Organizational Analysis*, Chicago/IL, London: University of Chicago Press.

POWELL, WALTER W./DIMAGGIO, PAUL J. (1991a): »Introduction«. In: DIES. (Hg.) 1991, S. 1–38.

POWELL, WALTER W./DIMAGGIO PAUL J. (Hg.) (1991b): »The

Iron Cage Revisited: Institutional Isomorphisem and Collective Rationality«. In: DIES. (Hg.) 1991, S. 63–82.

* POWELL, WALTER W./JONES, DANIELS (Hg.) (1999): *Bending the Bars of the Iron Cage: Institutional Dynamics and Processes*, Chicago/IL: University of Chicago Press.

* PRIES, LUDGER (Hg.) (1997): *Transnationale Migration*, Soziale Welt, Sonderband 12, Baden-Baden: Nomos Verlagsgesellschaft.

RAMIREZ, FRANCISCO O. (1999): »Progress, Justice, and Gender Equity: World Models and Cross-National Trends«. Vortrag auf dem 34th World Congress of the International Institute of Sociology, Tel Aviv, Israel, 11.–15.7.1999 (nicht publiziert).

* RAMIREZ, FRANCISCO. O./MEYER, JOHN W. (1980): »Comparative Education: The Social Construction of the Modern World System«. *Annual Review of Sociology* 6, S. 369–399.

RAMIREZ, FRANCISCO. O./MEYER, JOHN W. (1998): »Dynamic of Citizenship Development and the Political Incorporation of Women: A Global Institutionalization Research Agenda«. In: McNEELY (Hg.) 1998, S. 59–80.

RAMIREZ, FRANCISCO O./McENEANEY, ELIZABETH (1997): »From Women's Suffrage to Reproduction Rights? Cross-National Considerations«. *International Journal of Comparative Sociology* 38, S. 6–24.

RAMIREZ, FRANCISCO O./SOYSAL, YASEMIN N./SHANAHAN, SUZANNE (1997): »The Changing Logic of Political Citizenship: Cross-National Acquisation of Women's Suffrage Rights, 1890 to 1990«. *American Soicological Review* 62, S. 735–745.

* RAMIREZ, FRANCISCO O./WEISS, JANE (1979): »The Political Incorporation of Women«. In: MEYER/HANNAN (Hg.) 1979a, S. 238–249.

RAZAVI, SHAHRA/MILLER, CAROL (1995): *Gender Mainstreaming. A Study of Efforts by the UNDP, the World Bank and the ILO to Institutionalize Gender Issues*, Genf: United Nations Research Institute for Social Development.

* REIMANN, HELGA (1997): *Weltkultur und Weltgesellschaft. Aspekte globalen Wandels*, Opladen: Westdeutscher Verlag.

RICHTER, DIRK (1997): »Weltgesellschaft«. In: GEORG KNEER/ ARMIN NASSEHI/MARKUS SCHROER (Hg.) 1997, *Soziologische Grundbegriffe. Konzepte moderner Zeitdiagnosen*, München: Wilhelm Fink, S. 184–204.

* ROBERTSON, ROLAND (1976/1996): »Societal Attributes and International Relations«. In: JAN J. LOUBSER ET AL. (Hg.) 1996, *Explorations in General Theory in Social Sciences. Essays in Honor of Talcott Parsons*, Bd. 2, New York/NY: The Free Press, S. 713–735.

ROBERTSON, ROLAND (1990): »Mapping the Global Condition: Globalization as the Central Concept«. *Theory, Culture & Society* 7, S. 15–30.

ROBERTSON, ROLAND (1992a): *Globalization: Social Theory and Global Culture*, London: Routledge.

ROBERTSON, ROLAND (1992b): »Globality, Global Culture, and Images of World Order«. In: HANS HAFERKAMP/NEIL J. SMELSER (Hg.), *Social Change and Modernity*, Berkeley et al./CA: University of California Press, S. 395–411.

ROGERS, EVERETT (1962): *The Diffusion of Innovations*, New York: Free Press.

SASSEN, SASKIA (1996): *Metropolen des Weltmarkts. Die neue Rolle der Global Cities*, Frankfurt/M., New York/NY: Campus.

SCHELSKY, HELMUT (Hg.) (1970): *Zur Theorie der Institution. Interdisziplinäre Studien*. Zentrum für interdisziplinäre Forschung der Universität Bielefeld, Bd. 1, Düsseldorf: Bertelsmann Universitätsverlag.

SCHIMANK, UWE (1996): *Theorien gesellschaftlicher Differenzierung*, Opladen: Leske+Budrich.

SCHOFFER, EVAN (1999): »Science Associations in the International Sphere, 1875–1990: The Rationalization of Science and the Scientization of Society«. In: BOLI/THOMAS (Hg.) 1999, S. 249–266.

SCOTT, RICHARD W. (1995): *Institutions and Organizations*, Thousand Oaks/CA: Sage.

* SCOTT, RICHARD W./MEYER, JOHN W. (Hg.) (1994): *Institutional Environments and Organizations. Structural Complexity and Individualism*, Thousand Oakes/CA, London: Sage.

SENGHAAS, DIETER (Hg.) (1972): *Imperialismus und strukturelle Gewalt. Analysen über abhängige Reproduktion*, Frankfurt/M.: Suhrkamp.

SIMMEL, GEORG (1900/1989): *Philosophie des Geldes*. Hg. von David P. Frisby und Klaus Christian Köhnke. In: OTTHEIN RAMMSTEDT (Hg.) 1989, Georg Simmel-Gesamtausgabe, Bd. 6, Frankfurt/M.: Suhrkamp.

SIMMEL, GEORG (1908/1983): *Soziologie. Untersuchungen über die Formen der Vergesellschaftung*, 6. Aufl., Berlin: Dunkker & Humblot.

* SKLAIR, LESLIE (1991): *Sociology of the Global System*, London et al.: Prentice Hall/Harvester Wheatsheaf.

SMITH, ANTHONY D. (1986): *The Ethnic Origins of Nations*, Oxford: Blackwell.

SMITH, ANTHONY D. (1991): *National Identity*, Reno/NV, London: Penguin Books.

SOYSAL, YASEMIN N. (1994): *Limits of Citizenship. Migrants and Postnational Membership in Europe,* Chicago/IL, London: University of Chicago Press.

SOYSAL, YASEMIN N. (1996): »Staatsbürgerschaft im Wandel. Postnationale Mitgliedschaft und Nationalstaat in Europa«. *Berliner Journal für Soziologie* 6, S. 181–189.

STICHWEH, RUDOLF (1984): *Zur Entstehung des modernen Systems wissenschaftlicher Disziplinen. Physik in Deutschland 1740–1890*, Frankfurt/M.: Suhrkamp.

STICHWEH, RUDOLF (1991): *Der frühmoderne Staat und die europäische Universität. Zur Interaktion von Politik und Erziehungssystem im Prozeß ihrer Ausdifferenzierung (16.–18. Jahrhundert),* Frankfurt/M.: Suhrkamp.

* STICHWEH, RUDOLF (1995): »Zur Theorie der Weltgesellschaft«. *Soziale Systeme* 1, S. 29–45.

STICHWEH, RUDOLF (1996): »Science in the System of World Society«. *Social Science Information* 35, S. 327–340.

STICHWEH, RUDOLF (1998a): »Differenz und Integration in der Weltgesellschaft«. In: GIEGEL (Hg.) 1998, S. 173–189.

STICHWEH, RUDOLF (1998b): »Globalisierung der Wissenschaft und die Rolle der Universität«. In: PETER RUSTERHOLZ/ANNA LIECHTI (Hg.), *Universität am Scheideweg. Herausforderungen – Probleme – Strategien*, Zürich: vdf, S. 63–47.

STICHWEH, RUDOLF (1999a): »Globalisierung von Wirtschaft und Wissenschaft. Produktion und Transfer wissenschaftlichen Wissens in zwei Funktionssystemen der modernen Gesellschaft«. *Soziale Systeme* 5, S. 27–39.

STICHWEH, RUDOLF (1999b): »Zur Genese der Weltgesellschaft – Innovationen und Mechanismen«. In: MANFRED BAUSCHULTE/VOLKHARD KRECH/HILGE LANDWEER (Hg.), *Wege – Bilder – Spiele. Festschrift zum 60. Geburtstag von Jürgen Frese*, Bielefeld: Aisthesis Verlag, S. 289–302.

* STICHWEH, RUDOLF (1999c): »Konstruktivismus und die Theorie der Weltgesellschaft«. In: ANDREAS RECKWITZ/HOLGER

SIEVERT (Hg.), *Konstruktion, Interpretation, Kultur. Ein Paradigmenwechsel in der Weltgesellschaft*, Opladen: Westdeutscher Verlag, S. 208–218.

* STICHWEH, RUDOLF (1999d): »Globalisierung der Wissenschaft und die Region Europa«. In: GERT SCHMIDT / RAINER TRINCZEK (Hg.), *Globalisierung und soziale Herausforderungen am Ende des zwanzigsten Jahrhunderts. Soziale Welt* (Sonderband 13), Baden-Baden: Nomos, S. 275–292.

STRANG, DAVID (1990): »From Dependence to Sovereignity: An Event History Analysis of Decolonialization«. *American Sociological Review* 55, S. 846–860.

STRANG, DAVID / MEYER, JOHN W. (1993): »Institutional Conditions for Diffusion«. *Theory and Society* 22, S. 487–511.

* THOMAS, GEORGE M. / MEYER, JOHN W. (1984): »The Expansion of the State«. *Annual Review of Sociology* 10, S. 461–482.

THOMAS, GEORGE M. / MEYER, JOHN W. / BOLI, JOHN (Hg.) (1987): *Institutional Structure: Constituting State, Society, and the Individual*, Newbury Park / CA: Sage.

TUDYKA, KURT (1989): »›Weltgesellschaft‹ – Unbegriff und Phantom«. *Politische Vierteljahresschrift* 30, S. 503–508.

* UNIFEM AND UN / NGLS (1995): *Putting Gender on the Agenda: A Guide to Participating in UN World Conferences*, United Nations Development Fund for Women, New York / NY: United Nations.

* UNITED NATIONS (1996): *The United Nations and the Advancement of Women, 1945–1995*. The United Nations Blue Books Series VI, New York / NY: United Nations.

WAGNER, GERHARD (1996): »Die Weltgesellschaft. Zur Kritik und Überwindung einer soziologischen Fiktion«. *Leviathan* 24, S. 539–556.

WALLERSTEIN, IMMANUEL (1974): *The Modern World-System: Capitalist Agriculture and the Origins of the European World Economy in the Sixteenth Century*, New York / NY: Academic Press.

WALLERSTEIN, IMMANUEL (1990): »Societal Development, or Development of the World-System?«. In: ALBROW / KING (Hg.) 1990, S. 157–171.

WEBER, MAX (1920): *Gesammelte Aufsätze zur Religionssoziologie I*, Tübingen: J.C.B. Mohr (Paul Siebeck).

WEBER, MAX (1972): *Wirtschaft und Gesellschaft. Grundriß der verstehenden Soziologie*, 5. Aufl., Tübingen: J.C.B. Mohr (Paul Siebeck).

WEINERT, RAINER (1997): »Institutionenwandel und Gesellschaftstheorie. Modernisierung, Differenzierung und Neuer Ökonomischer Institutionalismus«. In: GERHARD GÖHLER (Hg.), *Institutionenwandel*, Leviathan, Sonderheft 16 (1996) [sic!], Opladen: Westdeutscher Verlag, S. 70–93.

* WELLER, CHRISTOPH (1997): *Collective Identities in World Society. Some Theoretical and Conceptual Considerations.* Forschungsgruppe-Weltgesellschaft Darmstadt, Technische Hochschule Darmstadt. Serie Arbeitspapier/Forschungsgruppe Weltgesellschaft: No. 6.

* WOBBE, THERESA (1996a): »Max Webers Bestimmung ethnischer Gemeinschaftsbeziehungen im Kontext gegenwärtiger soziologischer Debatten«. In: CARSTEN KLINGEMANN/ MICHAEL NEUMANN/KARL-SIEGBERT REHBERG (Hg.), *Jahrbuch für Soziologiegeschichte*, Opladen: Leske+Budrich, S. 177–189.

WOBBE, THERESA (1996b): »Globalität, Geschlechterverhältnisse und politische Soziologie«. In: HERMANN SCHWENGEL (Hg.): *Kontinuitäten und Diskontinuitäten der Politischen Soziologie.* 1. Arbeitstagung der Sektion ›Politische Soziologie‹ der Deutschen Gesellschaft für Soziologie vom 12.–13.10.1995 an der Albert-Ludwigs-Universität Freiburg, Freiburg: Universität Freiburg, S. 161–182.

WOBBE, THERESA (1997): »Soziologie der Staatsbürgerschaft. Vom Gehorsam zur Loyalität«. *Staatswissenschaften und Staatspraxis* 8, S. 205–225.

WOBBE, THERESA (1999): »Neue Grenzen des Geschlechterverhältnisses: Frauenpolitik im globalen Erwartungshorizont der Weltgesellschaft«. In: CLAUDIA HONEGGER/STEFAN HRADIL/FRANZ TRAXLER (Hg.), *Grenzenlose Gesellschaft?*, Opladen: Leske+Budrich, S. 181–197.

* WOBBE, THERESA (2000): »De- und Reinstitutionalisierung der Staatsbürgerschaft auf nationaler und supranationaler Ebene«. In: MAURIZIO BACH (Hg.), *Transnationale Integrationsprozesse in Europa*, Sonderheft der Kölner Zeitschrift für Soziologie und Sozialpsychologie, Opladen: Westdeutscher Verlag (im Erscheinen).

* WUTHNOW, ROBERT (1980): »World Order and Religious Movements«. In: ALBERT BERGESEN (Hg.), *Studies of the Modern World System*, New York/NY: Academic Press, S. 57–75.

ZAPF, WOLFGANG (Hg.) (1991): *Die Modernisierung moderner Gesellschaften*, Frankfurt/M., New York: Campus.

ZÜRN, MICHAEL (1992): »Jenseits der Staatlichkeit: Über die Folgen der ungleichzeitigen Denationalisierung«. *Leviathan* 20, S. 490–513.

Einsichten – das Programm bis 2002

THOMAS KURTZ Halle/Saale
Berufssoziologie
Herbst 2001
ISBN 3-933127-50-5

GÜNTHER SCHLEE Halle/Saale
Ethnizität
Frühjahr 2001
ISBN 3-933127-14-9

MARTIN KRONAUER Göttingen
Exklusion/Underclass
Erscheinungstermin noch offen
ISBN 3-933127-15-7

BETTINA HEINTZ Mainz/Zürich
THERESA WOBBE Berlin
Geschlechtersoziologie
Frühjahr 2001
ISBN 3-933127-16-5

JÜRGEN KAUBE Berlin
Gesellschaft
Erscheinungstermin noch offen
ISBN 3-933127-09-2

UWE SCHIMANK
UTE VOLKMANN Hagen
Gesellschaftliche Differenzierung
Frühjahr 1999
ISBN 3-933127-06-8

JÖRG DÜRRSCHMIDT Bristol
Globalisierung
Frühjahr 2000
ISBN 3-933127-10-6

BEATE KRAIS Darmstadt
Habitus
Herbst 2000
ISBN 3-933127-17-3

HARTMANN TYRELL Bielefeld
Handlung
Herbst 2001
ISBN 3-933127-18-1

KARL-SIEGBERT REHBERG Dresden
Institution
Herbst 2001
ISBN 3-933127-19-X

ANDRÉ KIESERLING München
Interaktion
Frühjahr 2001
ISBN 3-933127-38-6

KLAUS EDER Berlin
Klasse
Erscheinungstermin noch offen
ISBN 3-933127-20-3

JOACHIM THÖNNESSEN Aachen
Körper-Soziologie
Herbst 2000
ISBN 3-933127-53-X

HEINZ MESSMER Bielefeld
Konflikt
Frühjahr 2000
ISBN 3-933127-21-1

ALOIS HAHN Trier
Kultur
Herbst 2002
ISBN 3-933127-22-X

GALLINA TASHEVA Bielefeld
Lebenswelt
Herbst 2000
ISBN 3-933127-23-8

JOHANNES SCHMIDT Bielefeld
Liebe und Freundschaft
Frühjahr 2001
ISBN 3-933127-24-6

RAINER WINTER Aachen
Medien
Herbst 2000
ISBN 3-933127-25-4

GUNNAR STOLLBERG Bielefeld
Medizinsoziologie
Frühjahr 2001
ISBN 3-933127-26-2

LUDGER PRIES Göttingen
Migration
Frühjahr 2000
ISBN 3-933127-27-0

RAIMUND HASSE Aachen
GEORG KRÜCKEN Bielefeld
Neo-Institutionalismus
Herbst 1999
ISBN 3-933127-28-9

VERONIKA TACKE Bielefeld
Organisationssoziologie
Herbst 2000
ISBN 3-933127-29-7

URS STÄHELI Bielefeld
**Poststrukturalistische
Soziologien**
Frühjahr 2000
ISBN 3-933127-11-4

PAUL B. HILL Aachen
Rational Choice Theory
Herbst 2000
ISBN 3-933127-30-0

MARTINA LÖW Halle/Saale
Raum
Herbst 2000
ISBN 3-933127-31-9

VOLKHARD KRECH Heidelberg
Religionssoziologie
Frühjahr 1999
ISBN 3-933127-07-6

KLAUS JAPP Bielefeld
Risiko
Frühjahr 2000
ISBN 3-933127-12-2

OTTHEIN RAMMSTEDT Bielefeld
**Soziologiegeschichte
1870 – 1918**
Frühjahr 2000
ISBN 3-933127-32-7

HARTMUT HÄUSSERMANN
Berlin
Stadtsoziologie
Herbst 2001
ISBN 3-933127-33-5

RUDOLF STICHWEH Bielefeld
Systemtheorie
Herbst 2000
ISBN 3-933127-34-3

THOMAS FAIST Bremen
Transnationale Räume
Herbst 2001
ISBN 3-933127-35-1

THERESA WOBBE Berlin
Weltgesellschaft
Herbst 1999
ISBN 3-933127-13-0

DIRK BAECKER Witten/Herdecke
Wirtschaftssoziologie
Herbst 2000
ISBN 3-933127-36-X

PETER WEINGART Bielefeld
Wissenschaftssoziologie
Frühjahr 2001
ISBN 3-933127-37-8

SABINE MAASEN München
Wissenssoziologie
Frühjahr 1999
ISBN 3-933127-08-4

RAIMUND HASSE
GEORG KRÜCKEN
Neo-Institutionalismus

Der soziologische Neo-Institutionalismus hat seine Ursprünge in der US-amerikanischen Organisationssoziologie. Im Vordergrund stehen Fragen des institutionellen Wandels und des gesellschaftlichen Umgangs mit institutionellen Vorgaben. Dabei liegt ein besonderes Augenmerk auf der gesellschaftlichen Durchsetzung und Einbettung vorherrschender Grundüberzeugungen rationalen Handelns. Die Insignien moderner Rationalität werden in ganz unterschiedlichen Handlungsbereichen aufgespürt. Der vorliegende Beitrag führt in die Grundlagen des Neo-Institutionalismus ein, er beschreibt die wichtigsten empirischen Ergebnisse und diskutiert theoretische Weiterentwicklungen.

Raimund Hasse ist wiss. Assistent an der RWTH Aachen. **Georg Krücken** ist wiss. Assistent an der Universität Bielefeld.

Herbst 1999/Winter 2000
ISBN 3-933127-28-9

URS STÄHELI
Poststrukturalistische
Soziologien

Während insbesondere in der anglo-amerikanischen Literaturtheorie poststrukturalistische Theoriefiguren eine zentrale Rolle übernommen haben, zeigt sich die soziologische Theorie erstaunlich resistent ihnen gegenüber. Dies verwundert nicht, wenn man bedenkt, daß die Soziologie ein Projekt der Moderne ist und auf deren Leitunterscheidungen beruht. Der Band zeigt, daß sich die vielfältigen »Poststrukturalismen« für eine Dekonstruktion soziologischer Unterscheidungen eignen und so neue theoretische Interventionen ermöglichen: z. B. Diskurs als soziologischer Grundbegriff, die Dezentrierung des Subjekts und die Rolle von Rhetorik für die Konstitution des Sozialen.

Urs Stäheli, Promotion an der University of Essex/UK mit einer dekonstruktiven Lektüre der Luhmannschen Systemtheorie. Seit 1997 wiss. Assistent an der Universität Bielefeld.

Herbst 1999/Winter 2000
ISBN 3-933127-11-4